社会包容性设计

季 茜 主编

华中科技大学出版社
中国·武汉

内 容 提 要

本教材按照教育部相关课程的"教学基本要求"编写,全书以培养学生在设计实践中掌握并使用包容性设计方法和设计工具的能力,提高学生的设计能力和提升社会使命感为目标。在内容编排上贯穿了以包容性设计为主线的思想,将全书内容进行了有机组合。全书共分为6章,第1、2章主要阐述了包容性设计的概念、起源、现状、发展、意义等内容,使学生了解并关注社会上弱势群体的生存状态,并结合案例使学生了解包容性设计在世界各国的发展状况;第3、4章着重阐述了包容性设计的开发流程;第5章主要介绍了包容性设计方法;第6章为课程教学实践案例。本书可培养学生针对弱势群体的设计问题进行系统表达、分析求解和论证的能力。

本书可作为高等院校设计类专业的教材,也可作为非设计类专业学生、设计从业者和教育者的参考书。

图书在版编目(CIP)数据

社会包容性设计 / 季茜主编. -- 武汉:华中科技大学出版社,2024.1
ISBN 978-7-5772-0251-8

Ⅰ.①社… Ⅱ.①季… Ⅲ.①社会问题-问题解决(心理学) Ⅳ.①C913

中国国家版本馆CIP数据核字(2023)第245711号

社会包容性设计
Shehui Baorongxing Sheji

季 茜 主编

策划编辑:余伯仲
责任编辑:杨赛君 周 麟
封面设计:廖亚萍
责任监印:周治超

出版发行:华中科技大学出版社(中国·武汉)   电话:(027)81321913
         武汉市东湖新技术开发区华工科技园   邮编:430223
录 排:华中科技大学惠友文印中心
印 刷:湖北恒泰印务有限公司
开 本:889mm×1194mm 1/16
印 张:7.75 插页:4
字 数:201千字
版 次:2024年1月第1版第1次印刷
定 价:39.80元

本书若有印装质量问题,请向出版社营销中心调换
全国免费服务热线:400-6679-118   竭诚为您服务
版权所有 侵权必究

视觉　　听觉　　思维　　触及和灵活度　　机动性

用户能力中与产品交互最相关的五个主要类别

确定最有效颜色组合（请尝试在不同距离或斜视状态观看和阅读）

降低亮度对比观看相同图像

屏幕的倾斜调节（有助于最大限度地减少一系列用户的视角和眩光问题）

嘈杂环境中顺畅谈话比较困难

提供坡道方便使用移动辅助设备的用户

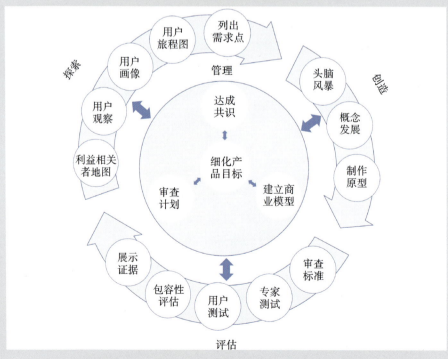

包容性设计关键活动图（来源：剑桥大学工程设计中心）

用便利贴构建利益相关者地图

概念发展：

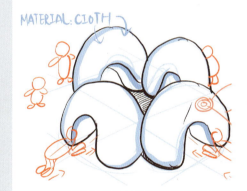

想法：外形像一个个"蘑菇屋"，孩子们可以在其间穿行，探索和挖掘里面的一些按钮，聆听大自然、动物和乐器的声音。
这个空间可以自由组合，让孩子去寻找其中的奥秘，只能容纳孩子进入，具有一定安全感。

针对自闭症儿童的音乐交互类玩具概念发展 1

概念发展：

说明：设计者采用更贴近自然的蘑菇形状，减轻孩子们的压力和焦虑，还采用不同的颜色来吸引孩子们的注意力。

针对自闭症儿童的音乐交互类玩具概念发展 2

作品名称

自闭症儿童玩具设计

收集、总结和交流评估活动中产生的所有证据

作品名称

4.2 草图设计

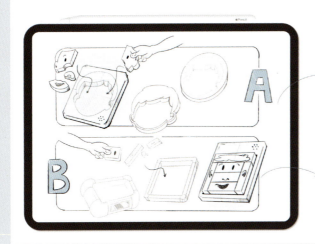

方案A：
关键词：不规则、圆润
设计说明：以孩子的面部作为交互界面的面板设计基础，将五官分割成不规则的四个部分，孩子需要根据提示拼出正确的面部表情。

方案B：
关键词：规则、整体
设计说明：整体形状以不同大小的长方体组成，将五官分割成规则的六个部分，孩子需要根据提示拼出正确的面部表情。

草图设计

4.3 草模制作

 方案A ✓

方案B

改进点一
将轮廓改进得更加平滑、圆润

改进点二
降低图的饱和度，与拼图块进行区分

训练表情识别的作用：
锻炼精细肌肉的作用：
趣味度：☆ ☆ ☆
操作难度：☆ ☆ ☆

训练表情识别的作用：
锻炼精细肌肉的作用：
趣味度：☆ ☆ ☆
操作难度：☆ ☆ ☆

草模制作

4.4 方案设计
——外观设计

正面表情　　负面表情　　中性表情

有必要加强对自闭症谱系障碍者不同情绪共情能力的关注，以促进自闭症谱系障碍者共情能力全面、平衡的发展。

积极共情能力对个体的社会适应和主观幸福感等具有更直接的影响，首先选择了一个较为积极的表情——开心。

在基本情绪中，自闭症儿童识别害怕、伤心这两种负面情绪比较困难。

自闭症儿童难以识别由信念和愿望引发的面部表情如惊奇、窘迫。

方案设计——外观设计

模型制作

产品效果

产品爆炸图

作者简介
About the Author

季茜，华中科技大学机械科学与工程学院工业设计系副教授，硕士研究生导师。华中科技大学与英国伦敦玛丽女王大学硕士1+1联合培养项目发起人。主讲本科生课程"包容性设计""通用设计""设计美学"等，研究生课程"Universal Design"。

研究方向：

（1）文化魅力、文化遗产保护和再设计、设计扶贫、文创产品；

（2）社会创新设计、老龄化社会设计、自闭症儿童等弱势群体创新设计；

（3）人机交互、用户体验Arduino、物联网。

主要成果：

主持国家自然科学基金青年科学基金项目"阈流网络视野的乡土卵石作景观体系研究——以浙闽两省为例"、湖北省自然科学基金面上项目"基于SCERTS模型的自闭症儿童产品设计系统构建及多维度体验工具研究"；主持机械装备外观设计、传统文化创新设计、文创产品开发等横向科研项目。参与多项国家自然科学基金面上项目、湖北省科技创新重大项目。

在SCI、EI、中文核心及国家级设计期刊发表论文30余篇，出版教材2本，获得实用新型专利3项。曾获华中科技大学教学竞赛一等奖、优秀指导教师等荣誉。

前言
Preface

在我国城市化发展迈向新台阶、人口老龄化和低生育率等新形势下，受众需求更加多样化。设计人员需运用包容性设计，尊重人的多样性和差异性，强调以人为中心，围绕"以人为本"的宗旨，交出更细腻、更具发展性的答卷。

目前，在国内工业设计及相关专业领域，虽有部分学术论文和少量书籍对包容性设计进行研究，但缺乏系统阐述包容性设计理论、可行性方法和评价标准的内容。

本书获得2021年湖北省自然科学基金面上项目（2021CFB318）的支持，以及2022年伦敦玛丽女王大学与华中科技大学战略合作研究种子基金的资助。本书系统地从理论知识、实践方法和评价体系方面引进剑桥大学工程设计中心的包容性设计内容，并结合本人多年的一线教学实践，构建了相对系统的包容性设计流程，对探索完善我国包容性设计及相关领域的评价体系、建立一个适合我国新时代社会发展的设计研究方法，具有实践和理论探索意义。

本书共六章，第1、2章主要阐述了包容性设计的概念、起源、现状、发展、意义等内容；第3、4章着重阐述了包容性设计的开发流程；第5章主要介绍了包容性设计方法；第6章为课程教学实践案例。

本书致力于为广大学生、设计者和教育者提供包容性设计参考，同时为企业的新产品开发提供借鉴，如规避不良设计导致的经济损失和品牌信誉度受损等问题。全书图文并茂，内容循序渐进，配合图表解析，能帮助学生更容易理解、掌握包容性设计的理念和方法。本书在应对国际化、高龄化、福利化问题上，具有广泛的市场前景和深远的社会意义。

本书在撰写的过程中，得到了国内外学术领域前辈和同行的关心和帮助，同时，展示了华中科技大学机械科学与工程学院工业设计系历届学生的课程设计，包括郑家瑜、赵一鸣、陈琛、孙晨悦、姚婉冰、李霄玥、黄子轩、王思嘉、王海容、张笑雪、席雨辰、林雨繁、闫宇璇、王静文、丁子洁、李思依、谢季钊、高梓昆、陈文慧、王红蕾、廖美丽等同学（排名不分先后）的作品。在此，对以上给予帮助的朋友表示衷心的感谢！希望本书能够抛砖引玉，如果能对读者有所裨益，将是本人莫大的荣幸。此外，如果读者朋友希望获取本团队有关包容性课程、学术讲座及工作坊的实时信息，可关注微信公众号"US 设计工作室"。

由于水平有限，本书不尽之处在所难免，望各位专家、同行批评指正。

季 茜

2023 年 5 月于武汉

目录
Contents

第 1 章 包容性设计起源 1
1.1 包容性设计概念 1
1.2 包容性设计产生的背景 4
1.3 包容性设计 7
1.4 知识转化 11
1.5 人口老龄化和残疾人权利 16
思考和练习题 17

第 2 章 包容性设计发展情况 19
2.1 概念解析 19
2.2 包容性设计在世界范围的发展 22
2.3 包容性设计的研究意义 29
2.4 包容性设计原则 30
思考和练习题 32

第 3 章 关于用户 33
3.1 概述 34
3.2 用户与产品的互动模式 34
3.3 用户观察任务 35
3.4 用户能力 42
思考和练习题 71

第 4 章 包容性设计流程 73
4.1 流程概述 73
4.2 关键活动 74
思考和练习题 89

第 5 章 包容性设计方法 91
5.1 生活中的一天 91
5.2 设计探针 92

  5.3 移情工具 92
  5.4 焦点小组 93
  5.5 沉浸式工作坊 94
  5.6 干预和激发 95
  5.7 访谈法 95
  5.8 横向思考法 96
  5.9 观察与跟随法 97
  5.10 参与式设计游戏 97
  5.11 角色法 98
  5.12 原型法 99
  5.13 过程分析法 99
  5.14 伪纪录片法 100
  5.15 问卷法 100
  5.16 场景法 101
  5.17 社会企业 102
  5.18 用户论坛 102
  5.19 视频民族志 103
  5.20 网络论坛 104
  思考和练习题 104

第6章 包容性设计实践 105
  6.1 交互界面视角下的自闭症儿童玩具设计 105
  6.2 老人智能药箱设计 112

参考文献 115

第 1 章
包容性设计起源

[学习目的与要求]

本章详细介绍了包容性设计的概念、产生的背景、先行者、起源以及发展情况等。要求学生对包容性设计的发展历史有一个比较详细的了解,认清当前包容性设计在设计历史发展阶段所处的位置;认识到社会、经济、技术和文化背景对包容性设计的影响;明确包容性设计对整个社会发展的作用;理解包容性设计是每个设计者、参与者的责任和义务。

1.1 包容性设计概念

说到"残疾",你最先联想到的是什么?大部分人想到的可能是永久性残疾,如眼盲(视觉障碍)、耳聋(听觉障碍)、肢体残缺或行动不便(肢体障碍)以及阿尔茨海默病(认知障碍)等。

据世界卫生组织(WHO)统计,世界上约有15%的人口患有某种形式的残疾(每6~7个人里就有1个残疾人),其中2%~4%的人身体机能严重受损。2023年5月15日,全球人口总数为80.32亿,表示目前全球约有13亿残疾人。

但"残疾"这个概念实际上要广泛得多。大家应该都有过这样的经历:在一个嘈杂的餐馆里聚餐,却听不清对面的朋友在说什么,这就是情境性耳聋;手指沾了水,解锁不了手机,力气太小拧不开矿泉水瓶,这些是情境性手指灵敏度障碍;出国旅游语言不通,这是情境性口头沟通障碍;买东西时拎着大包小包无法开车门,这是情境性肢体障碍;在雾气缭绕的浴室里分不清洗发水和沐浴露,这是暂时性视觉障碍……以上这些都是情境性残疾或临时性残疾。

绝大多数人每天都会遇到这些情境性或临时性残疾,即便是身体健全的人在使用产品时,都会有和残疾人一模一样的局限性。身体健全的人尚且如此,更何况那些永久性残疾的人群呢?

难以适应的环境和难以使用的产品充斥着整个社会,人们体会到许许多多不被包容的时刻,除了感觉不便以外,往往还会产生伤心、无助、自责和苦恼的情绪。究竟是谁的错?

是使用者的错吗？当然不是，如果不存在标准的人类，也就不存在标准的设计。

随着老龄化社会的到来，越来越多的人对大量的设计与产品、服务与环境感到不便和不满。作为个体，我们对生活的经验总是有限的，我们虽会因情境性残疾短暂地体会挫折感，但无法真正体会到他人被设计拒绝时的懊恼，甚至因为身体机能的不同而被城市拒绝，被迫成为隐形人。包容性设计可以帮助我们了解用户，掌握包容性设计工具能让设计者不再习惯性地将使用者草率地设定为"年轻的健康的右撇子男性"，做出更具包容性的设计，使我们的世界变得更加开放和包容，让人们的生活更加美好。

包容性设计既不是一种新的设计流派，也不是一个独立的专业，而是一种普遍的设计方法。在此方法中，无论受众年龄或能力如何，设计师都应确保他们的产品和服务能够满足尽可能广泛的受众需求。人口老龄化和日益增长的民权运动推动了包容性设计的发展，使弱势群体融入主流社会。

20世纪90年代，出现了老年人和残疾人融入主流社会的国际趋势。这一趋势根据不同的环境、文化和社会条件表现为不同的方式。美国主要关注的是残疾人进入建筑环境和公共场所的权利，1990年《美国残疾人法案》在民权运动中发挥了重要作用；在英国，人们的关注点扩大到服务的无障碍获得，载于1995年《残疾歧视法案》；在欧洲其他国家，人们的关注重点扩大到通过互联网和通信技术媒介，让用户无障碍地获得信息和相关服务；英国2010年更新了《平等法》，简化和加强了以前的立法，并在未来几年逐步实施。

随着社会的发展，人们的关注点逐渐从"他们"（them），尤其是老年人和残疾人转移到了"我们自己"（us），是一种从传统的"医学模式"到"社会模式"的转变。（"社会模式"认为真正意义上的"残疾"是社会障碍造成的，无障碍建设工作需要把关注点从为弱势群体提供"特殊服务"，转为解决弱势群体在完全融入社会过程中所面临的普遍障碍。政府需要成为无障碍建设的责任主体，将无障碍环境建设当作一项社会改造工程。）在无障碍建设的早期阶段，针对弱势群体的主要法律和政策方向都基于"医学模式"认知，倾向于将弱势群体当作福利、卫生和慈善计划的对象。这种模式的潜在态度认为，弱势群体不能在社会生活中发挥有意义的作用，需要被安置在单设的机构里。社会提供的教育、就业、交通运输、医疗等公共服务无须考虑弱势群体的需求。这种认知导致弱势群体一直被当作社会保障、福利立法、医疗卫生或监护立法中的一个方面来处理，被隔离于主流社会之外，加深了社会对弱势群体的负面印象。

在医学模式中，人们因先天或后天因素导致身体和精神缺陷或残疾，而在社会模式中，残疾是由于设计不充分、服务和环境不周到以及社会习惯固定而强加给人们的。新社会模式的形式基于两个前提：首先，不同人群的心理和生理能力不同，在不同的生命周期，人们的心理和生理能力存在相当大的差异，因此"正常"与"身体健全"是等同的这一观点既不准确，也不科学；其次，残疾产生于与周围环境的相互作用，这是设计和结构性干预的结果，而不取决于人们天生的能力水平、健康状况或相关能力受损的程度。

我们生活在一个越来越受人为干预影响的世界里，设计可以使人受益，也可以使人受损，我们必须创造一个与人类多样性更为匹配的世界。包容性设计立方体（图1-1（a））就是这种策略的案例之一，该模型由剑桥大学的约翰·克拉克森和西蒙·基茨提出，是对用户金字塔的拓展。用户金字塔（图1-1（b））由瑞典人体工程学设计中心的玛丽亚·本克松和斯文·埃里克·尤林斯开发，要求设计师从金字塔的更高层次而不是一般目标用户组来满足用户需求（用户金字塔模型反映了用户综合能力的缺失程度，越往金字塔顶端，用户的能力缺失越严重）。包容性设计立方体是英国工程和物理科学研究委员会资助的i-design研究项目的成果，它将金字塔扩展为三个能力维度，以更充分地代表整体人群，并提出了三种相关的设计方法，结合起来可以满足整体人群的需求。i-design是一个多中心合作研究计划，其目的是促进商业决策者和专业设计师采用包容性设计，彼此之间相互介绍商业案例，开发工具和技术，并围绕项目建立一个研究人员网络，更好地沟通交流。其合作伙伴包括：英国皇家艺术学院海伦·哈姆林中心、剑桥大学的工程设计中心、邓迪大学的应用计算机中心、约克大学的人机交互小组和英国工业设计委员会（该委员会通过促进企业、教育界和政府应用包容性设计来推动社会的发展和进步）。

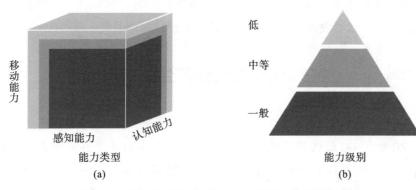

图1-1 包容性设计立方体（a）和用户金字塔（b）

包容性设计立方体强调一个重要的事实：能力级别是多方面的，并且彼此交互。它们的相互作用存在多种表现形式。例如，年轻的盲人可能会有非常敏锐的听觉以弥补低水平的视觉，而老年人的视觉和听觉水平可能都有所下降，可能还伴随着活动能力和认知能力的下降。

通过使用包容性设计立方体模型及其推广的用户感知设计，设计师可以更好地了解用户的能力，并创建直观的界面、易打开的包装、良好的结构、逻辑清晰的标识、易操作的动力辅助转向和制动类产品等。模块化和可定制的设计可以极大地提高可用性。例如，在信息通信技术领域，文本识别曾经是特殊用途的技术，现在已经成为移动电话用户的日常应用。总的来说，每个人都从包容性设计中受益，在人口迅速老龄化的时代，我们必须为整个生命过程设计，而不仅仅为健全人设计。

包容性设计的商业案例似乎创造了一个特例，即它针对的似乎是"没有多少经济价值的少数人"（服务于老年人和能力较差的人），但其实不然，这些"少数人"实际上构成了具有强大消费力的大多数，特别是考虑到普通人受伤或怀孕等情况时，更好地设计主流产品和服务可以扩大市场，还可以获得品牌优势。此外，包容性设计推动开发了直观界面、无障碍的信息通信技术、对人友好的环境和优质的服务，从而促进了创新。包容性设计的产品、服务和环境可能会使整体人群受益，可以促进公司业务的增加。

包容性设计的经济案例建立在两个关键因素上。首先，要赡养65岁以上老人的15

岁至 64 岁的人口数正在迅速下降，而护理成本正在上升，尤其在发达国家更是如此；其次，如果没有有效的消费方案来匹配人们的生活方式、需求和愿望，人们就没有动力去消费，从而失去了一个重要的经济驱动力。包容性设计，为老年人和残疾人提供了开始或继续从事有酬工作的可能性，从而延长了他们独立生活的时间，这反过来又有助于降低护理成本，帮助刺激经济。

包容性设计对社会的影响主要体现在：①大众对社会凝聚力和包容性的期待；②无障碍的公共建筑、空间及服务能促进社会包容性。此外，许多国家正处于老龄化阶段，如不采取措施延长老年人独立生活的时间，加强老年人与社会的融合，则有可能引发代际冲突和憎恨情绪。

包容性设计可以在上述方面做出重大贡献，其原则和方法也可以应用于其他相关领域，例如为保障患者安全的设计提高了公共部门服务质量。此外，包容性设计可以大大提高旅游景区和主要国际景点的公共空间和环境的吸引力，例如在奥林匹克标准体育设施的规划和建设中，包容性设计已经越来越受到重视。

1.2 包容性设计产生的背景

包容性设计出现于 20 世纪 90 年代中期，它并不是一种新的设计方法，而是一种可以追溯到 20 世纪 60 年代的倡议、实验和见解的综合方法。许多个人和团体都参与包容性设计，包容性设计试图将设计与社会需求联系起来，并挑战对老龄化、残疾和社会平等存在的根深蒂固的误解。下面的内容将追溯其中心思想和方法的演变及发展。

1986 年，在英国维多利亚和阿尔伯特博物馆的锅炉房画廊举办了一场打破常规的展览——"为老年人进行的新设计"，这是英国皇家艺术学院设计专业毕业生海伦·哈姆林的创意，由建筑师伊丽莎白·亨德森策划。展览的目的是针对有关老年人的需求和传统的生活方式，提出一个愿景——创造有利于老年人的未来。为了实现这一目标，海伦·哈姆林邀请了十几位顶尖的设计师参加，该展览重新思考了家庭的基本元素，涵盖了从厨房和浴室产品到家具、服装和家用产品等展品。展览因针对老年人的创新和以设计为中心的方法而引起了大众极大的兴趣。

之后，彼得·拉斯利特的《一个全新的生命地图》的出版是另一个早期的尝试，不仅重新思考面对衰老的态度，而且重新思考 21 世纪生命过程的本质。拉斯利特是英国政治和社会结构史研究领域的领军人物，他第一个发现"老龄化的长期转变"，且这个过程在英国已经持续了大约 200 年,导致预期寿命增加了一倍,60 岁以上的人口增加了两倍。这种趋势目前正在世界各地出现，而且时间尺度往往短得多，该理念为现今人口的理解奠定了基础。图 1-2 为拉斯利特设计的"年轻的老年人"生命循环划分图。

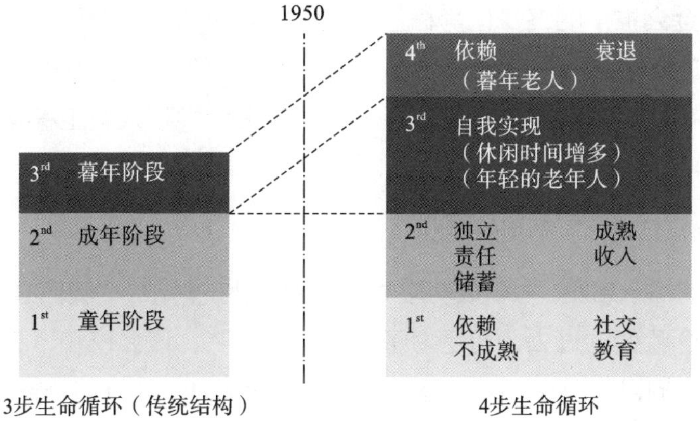

图 1-2 "年轻的老年人"的划分（设计者：彼得·拉斯利特）

1. "设计时代"项目

1989 年，海伦·哈姆林成立了海伦·哈姆林基金会（Helen Hamlin Foundation, HHF），致力于改善老年人的生活。基金会成立后的第一步是资助英国皇家艺术学院的"设计时代"项目，目的是探索拉斯利特提出的人口老龄化对设计的影响。除了这个非常明确的研究目标之外，另一个主要的目标是让年轻设计师满足老年人的需求。该基金会所选择的策略是建立一个既了解又能影响设计思维的群体，通过搜寻英国皇家艺术学院之外的资源，确定关键社区和个人开展合作，并邀请被选中的人参加每两年举办一次的系列客座讲座、研讨会和其他活动（图 1-3）。

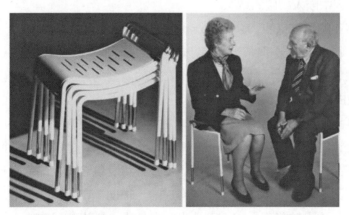

图 1-3 "泰特凳"——英国皇家艺术学院的奥洛夫·科尔特为博物馆参观者设计的轻量便携式座椅（"设计时代"项目竞赛获奖作品，1998 年）

相关重大事件是 1992 年 5 月 6 日由人类工程学学会（现在的人机与人因研究所）和"设计时代"项目联合举办的会议。会议有 176 名代表参加，其中许多人来自工业界，并汇集了来自设计、人体工程学、社会学、人口学、医学、经济预测、产品评估和特殊需求研究等领域的学者，其中一些人已加入客座讲座计划。会议由拉斯利特主持，会议记录作为《应用人体工程学》的特刊出版。

会议的目的是挑战当时的主流观点，即将老年人视为一个特殊和独立的群体，并通过关注依赖性、临终护理及两者的相应成本来解决人口老龄化问题。会议的组织方海伦·哈姆林基金会和拉斯利特专注于展示老年人通过社会融合、改进的住房设计（例如海伦·哈姆林基金会推广的终身住房概念）和自发的活动，从而得到更好的服务（如拉斯利特的第三年龄大学等）。

会议探讨了在"为未来的自己设计"主题下，设计学和人类工程学可以促进老年人从依赖到独立的转变。

2. "为未来的自己设计"思想的萌发

受拉斯利特的指示启发，为了成功应对人口老龄化的挑战，"我们必须尽可能地生活，不仅仅是为了纪念我们的过去，而是为了未来的自己"，该会议和系列讲座延续了这一思想并以"为未来的自己设计"为主题，有效地将焦点从"them"转移到"us"，并强调了落在设计界肩上的对未来的关注义务。设计的重点不仅仅是为了子孙后代，而是为了我们所有人的未来。设计师不仅需要创造适合年轻人和老年人的东西，他们还面临着创造未来世界的挑战，改变以前没有为老年人设想的情况。未来世界里，事物将以新的方式创造，其中不仅需要满足老年人的物质需求，还要实现他们的希望和愿景。

拉斯利特认为，直到1950年，他所指出的两个关键趋势才发展到这个程度：我们可以合理地期待享受几年以上的退休生活，并与一大批65岁以上的老人分享这些岁月。换句话说，直到1950年，对所谓的"第三年龄"进行情感和经济上的投资才有意义。拉斯利特确信有必要绘制一幅"新的生命地图"。这张地图不仅是为那些进入第三年龄的人准备的，而且是一张为每个人在长寿新世界中导航的地图。由此推断，这种"新的生命地图"需要一种新的设计方法，将老年人的需求和愿望置于设计思维和实践的核心，并在工业和商业社区中嵌入相应的意识。

从设计和商业的角度来看，会议以连贯的方式描绘了这个新领域，这在后来的《应用人体工程学》特刊中得到了体现。这期特刊涵盖了人口统计和老龄化进程、新的设计策略和评估方法等主题，包括对不充分和不安全的"辅助产品"的严重批评，以及对设计界和行业反应的预测。

1992年的会议和特刊为随后的许多活动奠定了基础，并在"为未来的自己设计"的旗帜下，为"设计时代"项目提供了一个框架。从一开始，这些活动的重点就在于展现向消费者提供产品和服务的潜力，这些产品和服务将满足老年人的需求和愿望，并通过主流市场提供，而不是一个可能只有潜在客户的"辅助"市场。重要的是，这些早期举措有效地将重点从边缘转移到主流，即从少数老年人、假设的残疾人，转向未来潜在的大众市场，提供改善生活的产品和服务。

3. 新兴社群

1992年的会议和系列讲座带来的另一个影响是，它们给来自广泛学科、国家和工业部门的个人和团体带来了一种社群意识，这些个人和团体认为他们正在挑战共同的假设，但在一定程度上又在各自的领域被孤立。因此有必要举行一次更大规模的会议，以巩固挑战共同的假设这一势头，并更好地了解如何有效地应对人口老龄化的挑战。欧盟指定1993年为欧洲老年人和代际团结年，正好提供了这一机会。

欧洲老年人和代际团结年的关注重点主要是养老金、公民权利、老年人护理和社会供应的其他方面。遗憾的是，包容性设计在那时并未受到关注。然而，英国老龄问题协会主任和欧盟咨询委员会的成员瑟利以及欧盟秘书处的阿曼达都认为设计扮演着重要的角色，故而邀请"设计时代"项目为英国的包容性设计与老龄化活动提供建议。并召开了一次国际会议和学生设计展览，反映人口老龄化是一个国际层面的问题，该展览在英国皇家艺术学院举行，在"为未来的自己设计"的主题下举办。在1993年11月1日《马斯特里赫特条约》生效后的几天内，来自21个国家的300多名代表参加了会议。这是一个重要的时刻，因为它把包容性设计推上了欧盟内部的政治议程，使其成为满足社会需求和促进老年人社会包容的一种手段。

对参与者来说，会议有助于将以前分散在各地的个人组成一个国际社群，虽然这些人在很大程度上并没有意识到他们拥有更广泛的共同目标和兴趣，但是在互联网刚刚起步的时候，这个社群促进了国际上持久的合作。它还为与会代表提供了一个机会，让他们思考欧美、日本和其他国家不同的地区条件和影响因素，及其形成的不同微妙反应。在欧洲，当时的这个新兴社群在1994年荷兰设计学院的一次会议上得到了进一步的巩固，这次会议汇集了欧洲各国的设计教育工作者，并作为欧洲包容性设计与老龄化网络的启动平台，由"设计时代"项目在伦敦进行协调。来自欧盟的一系列捐赠支持了为期三年的国际会议和设计研究计划的开展，广泛资助了当时欧盟大多数成员国的设计教育工作者所开展的设计研究和实践项目。这有助于在整个欧洲的设计教育中嵌入新的思维和实践，并促进国际合作。

1.3 包容性设计

"包容性设计"一词于1994年首次使用，此后应用日益广泛，早期的关注点是人口老龄化和残疾问题对全世界的影响，将其作为主流设计的挑战和市场机遇，但与早期类似性质的倡议相比，这一关注点并不十分成功。

1.3.1 先行者

针对残疾人的设计有着悠久的历史，特别是假肢和轮椅的设计，这是因为历史上的大规模冲突导致残疾幸存者数量增加。两位轮椅使用者——英国的赛尔文·戈德史密斯和美国的罗纳德·麦森在住宅和建筑环境的设计中发挥了重要作用。

在英国，戈德史密斯的工作具有很大的影响力，其支持1967年BS标准（由英国标准学会制定）实践守则CP96中关于残疾人进入建筑物的无障碍观点，该守则1979年修订为BS 5810，以及英国建筑条例的M部分。戈德史密斯的开创性著作《为残疾人设计》在英国首次提出关于建筑无障碍性的全面指导，特别关注轮椅使用者。他还参与了当时伦敦家具学院与Demand慈善机构的合作，开创了"为残疾人设计与制造"（后来的"残疾设计研究"）这一课程，在设计制造产品和设备方面发挥了重要作用，使残疾儿童和成人能够参与教育、体育和其他活动。英国伯明翰大学的老年医学协会主席伯纳德·艾萨克斯教授首次系统地解决了设计和老龄化相结合的问题，并在伯明翰的赛利橡树医院建立了一个应用老年学中心，以提高建筑师、设计师、商业和工业界对老年人需求的认识。

1988年，他与第三年龄大学合作，成立了一个名为"千名长者"的组织，这是一个由老年人组成的消费群体，他们愿意积极参与产品和服务相关的研究和评估，并将猫头鹰标志的符号作为其组织的认证标志。

1989年，罗纳德·麦森在美国北卡罗来纳州立大学建立了无障碍住房中心(1996年更名为通用设计中心)，该中心从以下两处获得灵感：(1)伊莱恩·奥斯特罗夫和科拉·贝丝·阿贝尔于1978年在波士顿建立的适应性环境中心，该中心主要关注残疾儿童的教育环境；(2)蒂姆·纽金特在伊利诺伊大学所做的开创性工作，该工作促成了美国ANSI A117.1《建筑和设施无障碍和可使用的标准规范》的制定，使建筑和设施便于残疾人使用。罗纳德·麦森等人的工作催生了通用设计概念的诞生，并于1997年出版了《通用原理》。

对一些先例的简短回顾虽然并非详尽无遗，但它们清楚地表明了对"残疾人和老年人"的强烈关注，这种关注一直持续到现在。尽管上述例子对传统设计方法提出了挑战，但它们很大程度上是将老年人和残疾人作为有"特殊"需求的少数群体来发挥作用的。维克多·帕帕内克在《为现实世界设计：人类生态学和社会变革》一书中对传统设计方法提出了挑战，他呼吁：将标准的工业设计方法和技术用于降低弱势群体辅助产品的成本。

帕帕内克参加过1968年在斯德哥尔摩举行的国际设计研讨会，他的思想深刻地影响着年轻的设计师们。玛丽亚·本克松和斯文·埃里克·尤林斯受其感召，于1971年成立了瑞典人体工程学设计工作室，工作重点是以用户为导向的设计或"为更多人的设计"，特别是为瑞典残疾人协会所做的工作，引发了人们对辅助产品的全面重新思考，并创造了可能是第一个真正的包容性设计的例子——为斯堪的纳维亚航空公司设计的咖啡壶。帕帕内克在1976年伦敦皇家艺术学院举行的关于"为需求而设计"的会议上，进行了另一个颇具影响力的主题演讲，主题思想是"为人们的需要而设计，而不是他们的愿望或人为制造的愿望而设计，是现在唯一有意义的方向"，会议讨论了一系列响应社会需求的想法，包括"消除残疾的设计"，这与瑞典人体工程学设计工作室的工作共同预示着20世纪90年代英国的包容性设计和美国的通用设计的出现。

1.3.2　起源

1994年8月，在加拿大多伦多举行的国际人体工程学协会第12届大会上，一篇关于包容性设计的论文《包容性设计的案例》首次发表。这篇论文的结论是："需要新的方法来弥合主流设计和老年人设计之间的鸿沟，特别是在人口变化的规模方面。包容性设计通常被认为是残疾人设计的一个分支，如果再加上故事讲述和场景构建技术，就变成了一个令人兴奋的产品创新途径，并为所有人创造一个更友好的未来。随着人们对老龄化和残疾的态度发生变化，人体工程学在日常产品和环境的设计和评估中发挥了重要作用，以确保产品和环境涵盖尽可能广泛的用户能力。"

在这篇论文中，包容性设计被介绍为一个简单的概念，"帮助他们(制造商和零售商)看到业务的潜在商业利益"，以及"如何将这一概念应用于实践的例子"。论文将包容性设计与通用设计区分开来，通用设计由罗纳德·麦森提出，是一种具有自己原则的离散形式的设计。包容性设计的后续发展一直专注于建立一个令人信服的商业案例和支持知识库，包括设计工具、用户研究方法，以及让英国设计界和机构参与创建的实践范例。

包容性设计的一个重要驱动力是得到了英国工程和物理科学研究委员会的支持，该委员会通过专门制定的举措资助个人、合作研究项目和主题研究，以应对英国人口老龄化的挑战。这项工作的内容包括：延长高质量的寿命（extend quality life，EQUAL）、老龄化研究能力战略推广（strategic promotion of ageing research capacity，SPARC），以及商业和工业知识转化途径研究联盟（KT-EQUAL）。

1.3.3 建立知识库

延长高质量的寿命计划资助的首批研究项目之一是 i-design：面向全体人口的包容性设计，由伦敦皇家艺术学院、剑桥大学工程设计中心和中央圣马丁学院于 2000 年至 2004 年合作完成，并得到英国设计委员会的支持。该研究团队的目标是为学术界和工业界的包容性设计知识库奠定基础。

除了大量的研究出版物，i-design 项目的主要成果包括：(1) 英国设计委员会的政策文件《更长寿的生活》提出设计的新背景，为工业、研究、教育和政府提出了一系列挑战；(2) 出版了两本书，分别为《包容性设计：面向全体人口的设计》和《反对设计排斥：包容性设计导论》。

《包容性设计：面向全体人口的设计》是一本具有高度概括性的出版物，它将包容性设计置于人口老龄化和残疾人社会包容的全球视角中。全书包括最佳实践、设计工具和方法以及未来挑战等部分，汇集了来自设计和研究界的广泛成果，以及来自行业和国际专家的重要成果。

《反对设计排斥：包容性设计导论》着重揭示 i-design 团队确定的一个关键挑战：开发一个度量系统，以量化设计的包容性，即测量包容度。这被认为是让包容性设计过程更为严谨的关键元素。测量包容度这一重要任务起初被认为是有问题的，然而，当团队意识到，通过逆转挑战并开始衡量设计排斥，即有多少人由于产品或服务的一个或多个方面而不能使用它，问题就变得容易处理了。

值得注意的是，在试图衡量设计排斥时，该项目实现了排斥的多面性：产品和服务在各种环境背景下所要求的能力水平的组合，以及整个人口，特别是整个生命周期能力的多样性。这就形成了一种总结性的方法来衡量设计排斥，以解释老龄化人口典型的多重、轻微的能力缺陷，并揭示了残疾人和老年人之间的重要差异。英国国家统计局 1996—1997 年度残疾跟踪调查是这方面最好的公开数据。

在产品和服务的可量化方面，设计排斥的概念是包容性设计所独有的，假设没有一种设计会完美地适用于所有人，并以此为出发点，将其与通用设计和为所有人设计区分开来。使用人体工程学和人口普查数据，模拟和用户研究可以让人更好地理解一组功能对可用性在不同方面的影响，从而得出设计排斥的数据和一系列减少这种排斥的方法。这使得可将包容性设计置于工业设计和商业管理的决策过程中，与众所周知的量化概念一起，达到商业和工业的要求。

1.3.4 开发商业案例

i-design 2 项目（2004—2007 年）的开展重点是开发基于反设计排斥的包容性设计商业案例。通过识别容易受到设计排斥的用户，并根据他们的能力水平进行设计，产品通常可以为所有用户使用，从而在竞争中更胜一筹并吸引更广泛的消费者。

当时英国从模拟电视向数字电视转换，引发了很多关于转换可能对年龄较大和能力较弱的人带来挑战的讨论。有关报告称："研究结果证实了 Easy TV 等先前的研究结果，即尽管在不同类型的平台(有线、卫星和地面)以及使用的设备类型和型号之间存在一些差异，但目前的数字电视设备通常不如模拟电视好用"。随后的工作确定了四种可以满足大多数需求的产品：(1) 功能减少的简化机顶盒；(2) 超实用的全功能机顶盒；(3) 辅助性机顶盒，以解决手部灵活度低或视觉缺失的问题；(4) 适应性强的机顶盒，解决其他严重或多重能力缺失人群使用产品时面临的问题。

因此，包容性设计可以被视为一个知识获取的迭代过程，持续的设计改进，以提高客户满意度，从而提高品牌忠诚度。BS 7000-6(2005) 指南为商业提供了强大的驱动因素，该指南概括了大部分 i-design 2 项目的研究成果和思想，以帮助大型公司和中小型企业进行包容性设计管理 (图 1-4)。

图 1-4　BS 7000-6(2005) 指南中包容性设计的分阶段方法 (设计者：约翰·克拉克森和罗杰·柯尔曼)

i-design团队在制定BS 7000-6（2005）指南中发挥了关键作用，此后又开发了评估设计排斥的可行性和减少成本的商业工具。

1.4 知识转化

开发测量设计中用户排斥的工具是包容性设计研究中一个非常重要的阶段，吸引了许多行业的合作者。

1.4.1 残疾人慈善组织、英国电信和包容性设计工具包

2004年9月，残疾人慈善组织召开会议，旨在i-design团队工作的基础上建立一个虚拟的包容性技术和设计中心。包容性技术和设计中心的主要作用是通过更具包容性的产品、服务、工作环境和设备，促进残疾人享有平等的就业机会。最初的目标是确保几家公司参与基于即将实施的BS 7000-6（2005）指南的一个示范项目。同时开发的还有商业案例，以及由i-design 2团队作为核心研究团队进行的为工业界创建的一个包容性设计工具箱。

当时英国的贸易和工业部在BS 7000-6（2005）指南提出的同时，资助了一项关于工业界对包容性设计的认识和采纳的调查。这项调查引发了包括英国大型公司和中小企业在内的8个研讨会，这反过来又直接导致了包容性技术和设计中心与英国电信之间关于创建新的实用设计资源的探索性讨论。结果是备受人们欢迎的示范项目将在当年年底开始实施，在英国电信的内部网络中提供独立的管理和设计资源，并由关键员工的内部研讨会提供支持。目标是促进开发包容性设计的商业案例，并刺激英国电信管理层和设计团队接受它。

核心重点是BS 7000-6（2005）指南中规定的商业案例和设计管理过程，其前提是对产品开发和设计管理中合理决策所需的能力进行量化，从而更好地界定市场。在企业中贯彻包容性设计理念，需要在组织的各个层面都有包容性设计的倡导者，包括董事会成员、决策者、设计经理和市场人员。

此外，提供包容性的产品和服务需要一系列实用的工具和活动，以帮助设计师和设计经理理解问题，并应用度量标准来识别商业机会。包容性设计工具包要遵循包容性设计流程，对其应用及结果进行验证。第一版的"包容性设计工具包"就是为了满足这些需求而开发的，该工具包包括来自残疾跟踪调查的人口数据，以需求和排斥的图表形式呈现，以便让设计师更容易获得数据。该工具包在英国电信内部被广泛使用，并于2007年作为公开信息在网络和图书市场发布。

1.4.2 最终用户、信息用户和知识循环

将测量设计排斥作为一个多维问题，与理解、评估、量化和对抗设计排斥过程有关的新问题被提出。主要目标是回答以下问题：参与新产品和服务开发过程的众多团体中

的每个组需要哪些具体的知识和工具？另一个相关的问题是：向所有参与的专业人员展示包容性设计知识和工具最方便和最有用的方式是什么？这两个问题构成了 i-design 3 项目面临的挑战。

这些研究问题导致了最终用户和信息用户之间的主要区别，因此需要更好地了解这两个群体。虽然在如何研究最终用户的需求和愿望方面做了大量的工作，但在了解信息用户的需求方面做的工作很少。

提出关于信息用户特征的问题为研究任务增加了一个全新的维度，这被囊括在知识环（图 1-5）的长期目标中，并被确定为 i-design 1 项目中知识转移的关键，但在当时，这基本上是对包容性设计的范围和规模进行规划的辅助研究。后来，它为 BS 7000-6（2005）指南以及残疾人慈善组织和英国电信的工作提供了指导。同时，另一个问题是，许多设计界人士在处理干巴巴的数据时遇到了困难。这一挑战将在 i-design 3 项目中得到解决。

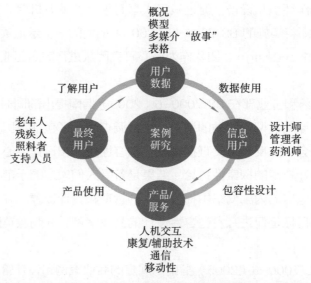

图 1-5　知识环（设计者：约翰·克拉克森和罗杰·柯尔曼）

1.4.3　设计商业协会和包容性设计的挑战

设计师倾向于关注个体用户，在解决与少数用户互动中发现的问题时，他们往往是最快乐的，因为他们可以与这些用户产生共鸣。设计师们也被"极端用户"的创造力所吸引，他们必须适应日常产品，并在设计不满足他们的需求和不符合他们能力的情况下制定应对策略。他们不愿意参与传统的数据展示，并且有与开发和推广设计产品的业务决策者和市场营销人员完全不同的信息需求。

设计师们还必须在委托他们工作的公司和专业商业人士的限制下工作，这些人的关注点往往是成本、新颖性和品牌定位。简而言之，设计师的思维倾向于以人为本，而他们工作的公司则以利润为导向。这种差异在设计商业协会挑战赛和包容性设计挑战项目中很早就被发现了。包容性设计挑战项目是设计商业协会和海伦·哈姆林设计中心之间的长期合作项目，该项目自 2000 年成立以来一直与 i-design 项目同步运行。设计商业协会挑战赛和包容性设计挑战项目旨在展示与残疾人的互动如何成为主流产品和服务创新的直接途径。i-design 设计团队的一些研究探讨了这些途径，引发了具体实施举措，旨在更好地理解设计界的信息需求，并确定满足这些需求的工具和格式。

虽然设计商业协会挑战赛在吸引设计界参与和提出鼓舞人心的包容性设计提案方面取得了重大进展，但将这些设计与人口数据和排斥统计联系起来，向市场交付更好产品的挑战仍然存在。当时还没有现成的方法来验证设计效果，即无法从交付包容性的角度去处理或验证结果。然而，英国电信赞助的包容性设计工具包中有解决这个问题的方法，并经常在设计和营销中使用。

1.4.4　面向设计人员的数据呈现

设计商业协会挑战赛关注的是真实的用户，虽然将残疾人纳入设计团队的考虑中，但仍然需要为设计师提供更好的信息，以了解产品或服务用户的多样性。i-design 3 项目开始探索数据展示对设计师的挑战，特别是如何将真实用户的数据（例如访谈、产品测试和对用户日常生活的洞察）与基于能力数据的代表群体的数据相结合。这种方法增加了将设计研究、人口统计学和社会科学联系起来的可能性，可以为设计师友好地提供高质量的数据。该方法还有助于识别可用数据中的重大差距，并提出填补这些差距的方法，这成为 i-design 3 项目的第二个研究重点。

研究的重点是改进新产品和服务开发的包容性设计方法，为设计师提供更好的数据，从而使产品和服务能够促进在家庭、单位以及其他环境和使用背景下用户的独立性。要实现这一点，就需要：①了解产品在其运行环境中的性能需求；②规范定义并收集新的基于人口的能力数据；③计算产品排斥等级和难度；④以一种无障碍的有效方式呈现这些数据。

为了支持①和②，项目人员进行了文献综述，并进行了 100 人的试点研究，以确定最合适的调查措施，调查措施可以预测一个人在产品交互中所经历的困难。作为对③和④的临时回应，项目人员还重新分析了参与者对残疾跟踪调查数据的原始回应，以产生更适合产品评估的新的需求类别和需求量表。这些随后被用于开发一个新的排斥计算器。此外，重新分析的数据被用于从海伦·哈姆林设计中心用户网中选择的 10 个人，这些人将普遍代表英国人口中不同的能力分布人群。这些角色的能力数据，连同他们日常生活中的真实故事，成为一种新的设计资源。

最后，项目人员在英格兰和威尔士对 400 名用户进行了家庭调查。对结果进行分析，以生成用户能力信息量表。该数据集可从英国数据档案馆中获得。虽然基于人口的测量样本量很小，但该数据集仍然是目前可用于包容性产品设计的最具信息量的数据集。如果需要开展进一步的调查，最好是在多个国家进行。

英国拉夫堡大学的人类人体测量数据需求调查和分析项目探索了呈现用户数据的新方法，形成了一个包含 103 人信息的软件数据库，这 103 人的年龄范围为 18～89 岁，其中包括 59 名年龄范围广泛且严重残疾的人。数据库中的数据以高度可视化的方式呈现，包括具体的身体尺寸、形态、关节活动范围和完成任务的能力。此外，该数据库还包括关于家庭情况、移动中的行为和生活方式等多种数据。

英国谢菲尔德哈勒姆大学专注于富有想象力、创新以及适当的产品和包装设计，从而深入了解用户抓住物体和打开各类包装的方式。手工产品交互的数学模型与用户观察相结合，为消费者和包装设计师提供实用的指导。

英国剑桥大学团队推出了一系列可穿戴的、基于软件的损伤模拟器，为设计人员提供了产品评估工具。这些工具使设计师能够体验感官和运动能力逐步降低的感受。

英国邓迪大学还研究了计算和信息通信技术的具体方法，以确定老年人和能力较差的人能获得和使用设施、服务、设备和信息的情况。缩小老年人和年轻人之间数字鸿沟的务实方法是广泛利用用户参与设计过程和解决问题，以使访问需求与解决方案相匹配。

1.4.5　商业活动

一些公司也对人口结构特别感兴趣。例如，英特尔公司的健康研究和创新团队致力于为医疗保健提供以研究为基础的创新，其直接灵感来自人口结构的变化，这种变化将大幅增加对医疗保健服务的需求。他们通过十年的人种学研究，对未来需求有了新的见解。同时，越来越多的人认识到社会参与（流动性和交通措施带来的社会参与）和身心健康之间的关系，因此，英特尔公司和农村交通计划开展了一个合作项目，探讨了交通在老年人生活中扮演的角色，尤其是在爱尔兰农村地区。设计和创新公司一直采用以用户为中心的设计理念来为其商业客户谋福利。IDEO设计公司开发了用户主导的设计方法，以克服非营利领域的挑战。他们以人为本的设计工具包是专门为非政府组织和与贫困社区合作的社会企业设计的。工具包引导用户完成以人为本的设计过程，并在诸如培养倾听技能、开展工作坊和实施创意等活动中为他们提供支持。

1.4.6　商业和工业知识转化途径研究联盟

延长高质量的寿命项目是由英国工程和物理科学研究委员会于1997年推出的，旨在促进多学科协作和用户参与的老龄化研究方法。这鼓励了英国高质量、新颖研究的发展，满足老年人和残疾人的需求，使他们能够过上充实而积极的生活。这是通过工程师、科学家和其他研究人员与用户倡导组织开展的合作研究项目，同时也是最终用户直接参与实现的。

项目最初的发展重点是建筑环境，后来逐渐转向包容性设计、医疗保健、康复和社会护理。这些主题通过"老龄化研究能力战略推广"计划以及与老龄化研究有关的跨研究理事会计划（"老龄化的新动力"计划）得到进一步发展。

项目方案取得了重大成果。例如，对英国建筑法规标准和住房公司的要求产生了重大影响。项目还促成了卫生、社会保健、规划和设计行业的最佳做法。这一做法在政府的卫生政策中得到了呼应，并承认将研究成果转化为最终用户的产品和服务的重要性。当英国工程和物理科学研究委员会委托商业和工业知识转化途径研究联盟开展为期五年的知识转化活动计划时，开展这项转化工作的重要性最终得到了认可。

该联盟由英国六所大学的研究人员组成，致力于推动和进一步发展"延长高质量的寿命"项目和"老龄化研究能力战略推广"计划的工作。具体目标包括：①与利益相关者合作，确定知识需求；②鼓励并促成世界级的知识创造；③促进创造者和使用者之间的知识交流；④提倡利用知识推动变革。

从英国工程和物理科学研究委员会资助的研究工作到其资助的知识转化工作，促使学术界和产业界开始致力于从其早期的研究成果中获得灵感。

新一版本的包容性设计工具包于2011年在网上发布，该工具包的平面设计经过了修改，并增加了许多新内容，其灵感来自欧洲包容性设计联盟的运作经验。该联盟由商业创新中心管理，在2010-2011年与7家头部公司合作：英国广播公司（BBC）、拜耳医疗保健公司（Bayer Healthcare）、罗氏公司（Roche）、雀巢公司（Nestle）、苏格兰皇家银行（Royal Bank of Scotland）、博世（Bosch）和西门子家用电器（Siemens Home Appliances）以及马莎百货（Marks & Spencer）。剑桥工程设计中心在剑桥大学教育部门的协助下，举办了五场研讨会，使公司之间能够相互学习、分享经验，并在开发包容性设计潜力方面获得实际支持。为了支持包容性设计，该联盟开发了"两小时"需求评估工具，以确定与使用产品相关的一系列任务中最困难的方面。重要的是，评估工具可以检查这些困难方面的候选解决方案是否会产生意料之外的后果，确保方案不会增加其他任务的难度。包容性设计工具包第二版提供了支持这一过程的工具。作为这些评估和培训研讨会的直接成果，更具包容性的新产品被推向了市场。

在向产业界进行知识转化的同时，还开展了一个潜力巨大的项目，该项目也由英国工程和物理科学研究委员会资助，目的是向英国的学校传递同样的信息。特别是"为明天的自己设计"项目，该项目建立在i-design 3项目设计团队和剑桥大学教育部门的工作基础上，为中学教育开发教学资源。同时项目设计了一套综合的设计与技术教学包，在英格兰和爱尔兰的教师中试用，并开发更多模块，向学校推广。

由董华领导的布鲁内尔大学的研究重点是：为设计师提供可用的数据和向本科生传授包容性设计专业知识。他们的工作表明，在本科阶段教授包容性设计对培养未来一代的设计师非常重要，包容性设计教育者在帮助学生了解包容性设计和用户主导型创新方面发挥着重要作用。

产品设计从初级研究到知识转化的过程中，建筑环境设计也发生了类似的持续转变。由爱丁堡、华威和索尔福德的研究人员领导的"户外包容性设计"（I'DGO）团队不断发展，积极影响着无障碍户外空间开发的政策和实践。尽管规范建筑环境设计方面的立法普遍存在，但仍然需要为规划者和设计者提供有效的指导。

1.4.7 新的机遇

尽管采取了上述知识转化举措，但在培养设计师、决策者和教导用户方面仍有许多工作要做。随着英国电信公司的Home Hub 2.0和Freestyle 750无绳电话等优秀的包容性设计典范出现的同时，也出现了许多不良设计的例子。然而，成功的范例往往有令人信服的包容性商业案例作为支持，但由于缺乏明确的证据来支持这一观点，无疑阻碍了一些组织提供更具包容性的产品和服务。

包容性设计的概念，即在特定环境中使产品需求与用户能力相匹配，也可应用于其他领域。例如，英国皇家艺术学院和拉夫堡大学一直在研究如何通过设计来提高病人和救护工作人员的安全，这项工作在某种程度上是包容性设计思维的延伸。从更广泛的角度来看，包容性设计思维可以应用于医疗保健服务以及其他工作场所和就业领域。

简而言之，研究人员现在有机会与最终用户及其代表组织、工商界以及设计和教育界合作，传播和传授技能、方法和工具，从而创造一个更美好的世界。

1.5 人口老龄化和残疾人权利

在英国，研究理事会（Research Councils）通过一系列研究网络和相关计划，积极推广包容性设计。这些研究网络和项目由雷丁大学的彼得·兰斯利教授负责指导。从2001年开始的"延长高质量的寿命"项目到2004年的"老龄化研究能力战略推广"计划，一系列广泛的研究项目和联盟建立起一个实质性的英国知识库，以应对人口老龄化的挑战。商业和工业知识转化途径研究联盟旨在将研究成果转化为老年人的实际利益。

欧盟早期的实践包括1993年成立的欧洲设计与残疾研究所（现为欧洲全民设计研究所），以及于1994年成立的欧洲老龄化设计网络，2003年在日本成立的国际通用设计协会，2005年在印度成立的全民设计协会。在美国，自1989年无障碍住房中心（后来的北卡罗来纳州立大学通用设计中心）和总部位于波士顿的适应性环境组织（现为以人为本设计研究所）成立之后，美国的通用设计运动得到了广泛的发展。

系列会议以及个别讨论会和讲习班也在建立国际兴趣网络方面发挥了重要作用。其中尤为重要的有自适应环境组织在美国和巴西举办的"以21世纪设计"为核心理念的会议，每四年在日本举行一次的国际通用设计协会会议，以及英国的包容性会议与剑桥通用无障碍和辅助技术研讨会等系列会议。

虽然这些活动和事件培养了一个由研究人员、设计师和业内人士组成的强大的国际网络社群，但它们并没有传播一致性。相反，在文化、历史和经济因素的驱动下，这些活动产生了强烈的地方和区域差异，使包容性设计呈现出许多不同的味道，其名称也往往反映了这些影响因素。

随着时间的推移，人们的关注点从年龄和残疾的个人驱动因素及其在当地的表现形式，转变为需要在合理的研究和适当的知识基础的支持下，以新的设计方法为基础，进行社会变革。此外，还出现了一个明显的转变，即从个体孤立的行动到网络联合行动的转变。设计时代、欧洲老龄化设计网络和欧洲设计与残疾研究所与其他团体联合，产生了英国的包容性设计、欧洲的全民设计。同时，美国的通用设计对日本和印度的通用设计的出现产生了重大影响。

日本和印度的包容性设计，说明了不同的地区条件会影响相同理念的表达。在日本，通用设计理念是从美国引进的，但经过了当地条件的异化，表现为反映人口老龄化方面的社会现实，如图1-6所示。此外，在日本皇室的支持下，地方政府广泛参与，妇女、学龄儿童、老年人以及工业界都被动员起来，人们可以看到一个平衡的、全国范围推广的方法，其重点关注包容性社区。与日本类似，印度的通用设计理念是从美国和欧洲引进的，然后根据当地情况进行修改。不过，印度更强调自下而上的变化，特别是在自助和发展方面，不像日本那样侧重于政府和行业倡议。

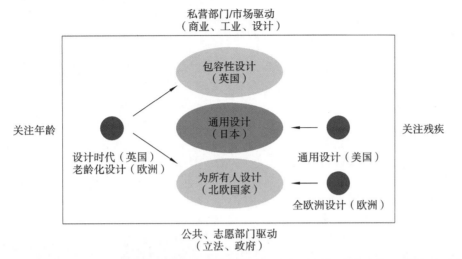

图1-6 关于包容性设计的影响和想法的三个起源（设计者：约翰·克拉克森和罗杰·柯尔曼）

包容性设计前景的示意性描绘表明有三个重要的未开发领域，未来的勘探和设计活动可能会证明这三个领域是有价值的，如图1-6所示的外围，即残疾与商业的交会处，年龄与商业、公共部门和政府的交会处。设计在应对这些挑战中扮演着至关重要的角色，而这个角色的核心是以用户为中心的包容性设计的整合力量。所有包容性设计都使我们更接近以最终用户为基础的方法，即所有产品和服务都要取悦，而不是污名化和疏远最终用户。它也让我们更接近优秀的设计，而不是"特殊需求"设计。好的设计是指设计者能够在整个设计过程中做出有意识和明智的决定。优秀的产品或服务通常是建立在了解用户及利益相关者的真实需求基础上的。总之，好的设计和包容性设计应该被视为不可分割的和必不可少的。

思考和练习题

掌握包容性设计发展各个时期的标志性事件、倡导思想、代表人物及其作品。尝试着画出包容性设计的时间脉络图。

第 2 章 包容性设计发展情况

[学习目的与要求]

本章讲解了包容性设计发展过程中产生的不同术语；讲述了世界范围内包容性设计的发展情况；介绍了包容性设计的研究意义及设计原则。要求学生更深入地理解包容性设计及其理论知识。

2.1 概念解析

以下内容将对无障碍设计、全民设计、通用设计和包容性设计等概念进行解析。

2.1.1 无障碍设计

战争促进了人体工程学和无障碍设计的发展。第二次世界大战、朝鲜战争和越南战争导致残疾人数量急剧增加，如何使他们较好地融入社会生活，成为各国政府不得不采取一系列措施应对的一大课题。20 世纪初，旨在服务残疾人、老年人、儿童、病患的"无障碍设计"首先在建筑学界兴起。

无障碍设计是包容性设计的源头，其理念是为身体残疾者除去生存环境中的各种障碍，如考虑和设置建筑入口的坡度范围、走廊过道的宽度、楼梯扶手和台阶、盲道、电梯空间的尺寸、照明、噪声等设计标准。

20 世纪 50 年代，美国开始了公共政策和设计实践的变革，残疾人就业委员会、退伍军人管理局等机构制定了"无障碍"建筑的国家标准，作为制度化医疗的替代方案，旨在使残疾士兵和其他残疾人能够进入建筑物，享受教育和就业机会。1961 年，美国国家标准协会发布了第一个版本的"ANSI A117.1 标准"，使残疾人能够进入和使用建筑物，这也是世界上第一个无障碍设计标准。

其影响之一是促进辅助技术的巨大发展，增加了残疾人参与日常生活的可能性。最常见的例子出现在家庭设备和建筑领域，比如单手搅拌机、火车上更宽的门、人行道斜坡等。人行道斜坡这种无障碍设施不仅方便残疾人行动，也使其他人（例如推着沉重手推车的工人、使用婴儿车的家长）受益。环境包容性（例如环境无障碍）对所有人群都有正向作用，这种作用称为人行道斜坡效应，即为残疾人所做的设计，往往能够帮助到所有人。

类似的设计有很多，例如，最早的打字机是意大利发明家Pellegrino Turri为了帮助失明的菲维扎诺伯爵夫人写作而发明的，它是键盘的前身。"互联网之父"Vint Cerf在最早开发互联网的时候创造了第一个商用Email系统，而Vint Cerf自己有听力障碍。

无障碍设计充满人性关怀的理想目标无疑是正确的。但是，它在实现功能无障碍的同时使人们形成了新的心理障碍。盲道、便于轮椅使用者通行和出入的斜坡、厕所、电梯等，当它们被认为是"残疾人专用"设施时，一种难以逾越的观念障碍就形成了。

如图2-1所示，对于健全人来说，轮椅标志使得这个空间成为不得入内的禁地，尽管那是一个舒适的空间，对于手持大件箱包的人们、携有婴儿手推车的人们，以及有幼儿随行需要如厕帮助的人们，残疾人专用厕所同样具备着良好的适用性。对于目标对象残疾人来说，这是一个置于一般男女厕所之外的专用特设空间，夸张的轮椅标志，与女性和男性标识等同大小，似乎强调着男、女类别以外另有一残疾类别。

图2-1 残疾人专用厕所

因此，无障碍设计在为人们解决了物理障碍的同时，也在无形之中筑起了一道隐形墙，让使用无障碍设计服务的人感觉自己低人一等，从而形成了心理障碍。这也为通用设计、包容性设计和全民设计对无障碍设计的挑战埋下伏笔。

2.1.2 全民设计

全民设计，或译为"为所有人设计"（design for all），在欧洲被越来越多地使用。全民设计运动的主要目标是：为包罗万象的客户群设计产品，产品应让尽可能多的人使用。

欧洲设计与残疾研究所将全民设计定义为"为人类多样性、社会包容和平等而设计"，这可能是传播最广的定义。欧洲设计与残疾研究所是一个欧洲全民设计平台，该组织的成员包括16个欧洲国家组织、企业和个人。2004年在斯德哥尔摩年会上通过了一项宣言，即"斯德哥尔摩宣言"。该宣言的部分内容如下。

在整个欧洲，人类在年龄、文化和能力方面的多样性比以往任何时候都要大。我们现在从疾病和受伤中幸存下来，生活在与残疾的抗击之中。尽管当今世界是一个复杂的世界，但它是我们自己创造的，因此我们有可能，也有责任，将我们的设计建立在包容性原则的基础上。全民设计是为人类多样性、社会包容和平等而设计的。这种全面和创新的方法为所有规划者、设计师、企业家、管理者和政治领导人提供了创造性机遇和道德挑战。

全民设计的目标是让所有人都有平等参与社会各方面活动的机会。为实现这一目标，建筑环境、日常用品、服务、文化和信息等，简言之，一切由人设计和制造、供人使用的东西都必须是无障碍的，方便社会中的每个人使用，并适应人类不断发展的多样性。全民设计的实践有意识地利用对人类需求和愿望的分析，并要求最终用户参与设计过程的每一阶段。

因此，欧洲设计和残疾研究所呼吁欧洲各国家、地区和地方政府部门以及专业人士、企业和社会行动者采取一切适当措施，在其政策和行动中实施全民设计。

欧洲设计与残疾研究所还利用"四大支柱"理论，将"全民设计"的愿景定位在可持续性层面。可持续性被定义为一个包含文化、生态、经济和社会各方面的复合概念。

总之，"全民设计"和"通用设计"具有相同的字面含义。在产品设计的背景下，"全民设计"和"通用设计"方法都不得不接受一种产品不一定总是能够满足所有人的需求这一事实。然而，这些方法坚持认为所有主流产品在技术上应尽可能多地被人们使用。包容性设计起源于产品设计领域，并且专注于为特定设计选择合适的目标市场，做出明智的决策，最大限度地提高目标市场的产品绩效指标，旨在扩大主流产品的覆盖范围，但包容性设计承认和满足与目标市场需求相关的商业限制。

当前，以上设计术语正在融合，且越来越难以区分。在2009年欧盟部长会议建议的说明中，术语"全民设计""整体可及性""可访问的设计""包容性设计""无障碍设计""跨世代设计"和"为所有人提供无障碍服务"被视为与术语"通用设计"趋同。这些方法都在设计过程中考虑了更广泛人群的需求，以确保主流设备和服务能够被包括老年人和残疾人在内的广大用户使用。

2.1.3 通用设计

1998年，国际通用设计中心将通用设计定义修正为"在最大限度的可能范围内，不分性别、年龄与能力，适合所有人使用方便的环境或产品设计"。

通用设计是从人类的需求出发做出设计回应，是否存在障碍并不是设计思考的中心。因此，通用设计与无障碍设计存在不同的设计思考出发点。

通用设计起源于无障碍设计。美国建筑师、产品设计师和教育家罗纳德·麦森认为，对一个人来说是无障碍的东西，对另一个人来说却可能是有障碍的。由于设计问题的复杂性，即使是专家也会遇到问题。仅仅消除障碍是不够的，设计者必须从更广泛的角度来解决问题。

从设计思想发展的角度看，无障碍设计理念为通用设计理念的发展提供了"以人为本"的思考背景。通用设计理念的形成起源于无障碍设计，但它并不等同于无障碍设计的理念，相反，它是对无障碍设计理念的挑战。

2.1.4 包容性设计

英国标准协会将包容性设计定义为"主流产品（或服务）的设计为尽可能多的人群所方便使用，不需要特别的适应或特殊的设计。"

每个设计决策都有可能包容或排斥客户。包容性设计强调了解用户多样性有助于决策，从而尽可能多地吸引用户。用户多样性是涵盖功能、需求和期望的多样性。

"产品绩效指标"是在考虑产品或服务的绩效时应考虑的事项，即如何适应用户的需求，如何在整个绩效指标集上取得突破性进展（详见图 4-17）。这也就意味着需要了解人群的多样性，并通过包容性设计来应对这种多样性。包容性设计关注人群的多样性及其对设计决策的影响。但是，整套绩效指标应考虑与人员、利润和环境有关的更广泛的因素，绩效指标应检查上述因素对产品开发、制作、分发并出售、使用、传递、重新处理等整个生命周期的影响。

对于当前大多数产品，在报废后会被用户扔到垃圾箱中，而"重新处理"则是在垃圾填埋场中存储。但是，回收和翻新是这两个阶段的另一种选择。

此外，包容性设计强调了解用户多样性。根据用户能力的差异，将用户群体分为：

① 可以使用此设计的群体（included population）；

② 考虑到可以使用此设计的群体潜在的变化和多样性而具有一定延展性的群体（negotiable max population）；

③ 能够受益于此设计的最大化用户群体（ideal population）；

④ 每个人（whole population）。

包容性设计并不是要求设计能够被每个人使用，而是力图充分认识用户群体的多样性，将其拓展至一个相对的理想群体，并力图在设计的过程和结果中减少对用户产生无意识的排斥，而通常情况下，通用设计的愿景则是每个人都可以使用。

包容性设计并不意味着设计一种产品来满足所有人的需求。相反，包容性设计通过以下方式展现对人群多样性的设计：

① 开发一系列产品和衍生品，以最大限度满足人口覆盖率；

② 确保每个产品都有明确的目标用户；

③ 降低使用每个产品所需的能力水平，以改善广大客户的用户体验。

2.2　包容性设计在世界范围的发展

2.2.1　美国通用设计的发展

美国建筑设计师、工业设计师罗纳德·麦森发现，建筑和产品大都以健全的年轻人作为使用者来生产建造，而在这个基础上做无障碍设计的改造需要花费大量的人力物力。他反思为什么不在一开始就将建筑建造成残疾人、儿童、孕妇、老年人及其他健全人都方便使用的建筑呢？

1985 年麦森在论文中首次使用"通用设计"这个名称，指出：通用设计就是无追加费用，或是说以最低费用，让建筑和设施不仅只是对残疾人，而是对所有的人都具有适用功能和魅力的设计方法。他打破"为移动困难人群所作的产品与设计是特殊的、高成本的"观念，同时也使设计不再显得那么粗鲁并且毫无魅力。他将通用设计这一术语表述为一种设计产品和环境的概念，以满足人们的需求，无论他们的年龄、能力或生活状况如何。

1989 年，由美国国家残疾和康复研究所(NIDRR)资助，麦森在北卡罗来纳州立大学设立了通用设计研究中心。从 1994 年到 1997 年，通用设计中心开展了一项由 NIDRR 资助的研究和示范项目。项目名为"促进通用设计发展的研究"（项目编号：H133A40006）。该项目的活动之一是制定一套通用设计指南。由此产生的通用设计原则如下：

（1）公平使用。对具有不同能力的人来说，设计是有用的、可用的。

（2）使用的灵活性。设计能适应广泛的个人偏好和能力。

（3）简单直观。设计的使用方法简单易懂，无论用户的经验、知识、语言技能或当前的注意力集中程度如何。

（4）可感知的信息。无论环境条件或用户的感官能力如何，设计都能有效地向用户传达必要的信息。

（5）容错性。设计能最大限度地减少意外或非故意行为造成的危害和不良后果。

（6）低体力消耗。设计能让用户高效、舒适地使用，并将体力消耗降至最低。

（7）使用产品的尺寸和空间。无论使用者的体型、姿势或活动能力如何，都应为用户接近、接触、操作、使用产品和服务提供适当的尺寸和空间。

通用设计的倡导者之一马克·哈里森 11 岁时因为事故造成脑部重伤，在恢复期他要重新锻炼行走、说话等一系列能力。哈里森把通用设计概念结合到罗德岛设计学院的教学中，同时，在自己的设计咨询事务所将通用设计概念推广到设计实践。如他设计的食物加工器加大了按钮尺寸，设计了比较大、容易抓握的手柄和容易看与读的面板，该食物加工器兼顾到残疾人，特别是关节炎患者或视力较弱的人，得到社会广泛好评。

哈里森在罗德岛设计学院推出了学生参与的设计项目"通用厨房"。学生们对各种残疾情况进行了详细的分析，记录了不同类型的残疾人在厨房工作的时间消耗情况，再根据分析和调查的结果设计一个全新的厨房，一个完全能够为残疾人提供很好工作环境的厨房，所有的空间和设备都符合用户友好型模式。例如，家住美国辛辛那提市的芭芭拉·汉森虽然是一位坐在轮椅上的残疾人，但在为她专门设计的厨房里，她仍然可以得心应手地为全家人准备晚餐。水槽和灶台底下是留空的，方便轮椅进出，所有的手柄都是长条形的，她可以轻松地开启柜门。工作台的高度也做了调整。

2.2.2 日本通用设计的发展

日本企业重视对通用设计产品的开发与研究。松下、TOTO、国誉等企业都有独立的通用设计研发部门。

日本的洗发水瓶身侧面都必须带有锯齿状凸点的设计已被规定为设计标准。通过凸点来区分洗发水和护发素，这为视觉障碍者提供了极大的方便，也为普通人带来福音，闭眼洗头的人们不再需要在满头泡沫的时候勉强睁开双眼去辨别。因此，无论身体是否有残疾，通用设计都能让更多的人方便使用。

东京松下电器中心以顾客的需求为本，设置了"谁都能够方便使用的洗手间"，扶手、婴儿椅、折叠床、更衣辅助板、造口冲水器（人工泌尿排泄患者可使用）等设施，方便带婴儿的顾客、轮椅使用者等各类人士使用。

在东京松下电器中心的官方网站中可以看到独立的通用设计板块。企业利用通用设计来帮助政府解决日本社会中的许多问题，包括更便捷的日常生活、支持儿童养育、促进多元化社会的通用设计、让忙碌的员工生活更轻松、为世界各地的人们提供通用设计、应对突发事件的通用设计等六个方面。

（1）提供更便捷的日常生活。

努力建设一个让更多人（包括老年人在内）生活舒适、便利的世界。松下为超老龄化社会提供通用设计。

（2）支持儿童养育。

通用设计能解决出生率下降问题，创造一个父母可以安全生产和抚养孩子的社会。

（3）促进多元化社会的通用设计。

松下将利用通用设计，在一个需要越来越多样化技术人才的社会中促进更高的平等。

（4）让忙碌的员工生活更轻松。

从工作方式的创新和妇女更多地参与社会活动就可以看出，社会正在以令人眼花缭乱的速度变化。通用设计可支持企业应对不断变化的生活方式。

（5）为世界各地的人们提供通用设计。

开发对外友好的通用设计，以满足我们日益全球化的需求。

（6）应对突发事件的通用设计。

产品不仅可以日常使用，也可以应急使用。松下正在开发通用设计产品，可用于灾难和其他紧急情况。

此外，松下大力开展通用设计产品研究，研究成果被用于提高产品的可用性。

（1）关于视觉便利的研究——模拟眼镜。

60岁以上的人中大约有70%患有白内障，这种疾病会导致视力模糊和眼球逐渐变黄。松下与眼科医学中心合作研究老年白内障患者，并开发出白内障模拟镜，让设计者体验老年白内障患者看东西的情形。使用这些模拟镜来验证和提高目录、手册、包装和产品展示的易读性。这些模拟眼镜在2000年被作为标准产品开发。

（2）关于听觉便利的研究——语音引导标准。

语音引导是许多人传递信息的有效方法。松下研究了音质、音量、语速、内容、表达和句子长度，为语音引导制定标准，使其更容易听和理解。

（3）关于阅读便利的研究——字体设计。

为了优化字母的易读性，松下不仅研究了字母的大小和对比度，而且研究了字体本身。通过全球研究、资深用户的验证和专家访谈，松下确定了构成一种优秀字体的四个要素：可见性、可识别性、易读性和良好的设计。2006年，松下与岩田株式会社合作，开发了世界上第一个通用设计字体。此字体用于松下产品的所有操作面板。2008年，该字体被用作松下集团的品牌标志字体。

（4）关于色彩识别便利的研究——色彩设计。

松下与非营利组织色彩通用设计组织(CUDO)分析了难以区分红色和绿色的人容易辨别的颜色。该结果用于松下 VIERA 和 DIGA 系列产品的远程控制彩色按钮和程序指南。松下获得了色彩通用设计组织的"颜色通用设计认证"，色彩通用设计于2007年实施。

（5）关于视力障碍者使用便利的研究——触觉符号贴花。

静电触摸按钮虽光滑、易于清洁，但对于视力有问题的用户来说很难识别。为确保安全，松下与日本灯塔工厂合作开发了带有浮雕符号的触觉贴花，它更容易识别、更耐用。

（6）科学地评估使用的便利性——运动、负担和机动性研究。

松下将继续开发产品，使用各种科学分析方法以便可视化和量化用户的体验，如肌肉的负荷和重心的变化，或使用数字技术来可视化物品的物理负载。

（7）关于安全的考虑——预防事故的发生。

孩子们的手指经常会被门夹住。通过开发带有传感器的手指状设备，我们能够测试、验证并将预防措施应用到各种产品中。

日本政府在静冈县、熊本县、爱知县等地大力推广通用设计，其理念几乎家喻户晓，并成为松下进行产品设计开发的基本原则，而产品带来的良好经济效益更加促进了通用设计的推广与实践。

2.2.3　英国包容性设计的发展

英国于1995年开始规划包容性设计，到2004年开始立法并试图将包容性设计的理念推广到环境、服务、汽车、消费产品、工作场所等各个领域。

英国皇家艺术学院海伦·哈姆林设计中心以"通过设计改善老年人的生活"为宗旨，由设计师、工程师、建筑师和人类学专家等组成团队，与社会实践课题结合开展包容性设计的研究。以下是较为经典的研究活动案例。

1. "每个人都可以打开的包装"项目

项目为海伦·哈姆林设计中心与英国连锁超市 Waitrose 于2002年联合开展，这项研究包括三个方面：基于用户的研究、包装研究和战略设计开发。研究团队组织了一些研究论坛，观察和讨论老年群体和残疾用户使用包装遇到的困难。

团队采访多位年龄在65岁至90岁之间的老年群体和残疾用户，并拍摄了人们打开和讨论包装的视频，揭示包装存在的具体问题，记录人们打开包装的体验。

除了面对面的互动，团队还向用户发送了约30份包装日记。参与者被要求完成一个为期两周的记录，记录他们在打开包装时遇到的问题。

其后，结合文献分析研究了 Waitrose 自有品牌包装的材料和制造工艺，以及打开包装所需的动作。团队走访了超市以了解产品销售的环境，走访了制造商以了解生产系统可能对产品施加的限制。

之后，团队制定了"七步走"战略以改善 Waitrose 自有品牌的包装。其核心是：改善沟通渠道，标准化包装类型，使用现有的最佳包装，售卖最便于开启包装的辅助工具，开发一站式的"Waitrose 工具"，对当前的包装进行微小的改进，设计全新的包装开启方式。

项目的最后阶段，团队的注意力集中在可以带来重大利益的快速"小变化"上。团队对大约 20 种类型的包装进行了分析，并对其中最有问题的熏肉包装、鲜汤罐、易拉罐、果酱罐和沙丁鱼罐共 5 种包装进行了全面开发，提出了一些改进措施，这些改进措施可以用较低的成本迅速引入，对机器的干扰最小，是更包容的包装方法中的典范。

重要的是，这些解决方案避免了使用专用或临时准备的工具来打开包装。该项目关注了所有年龄段的人在打开包装时遇到的三个关键障碍：

（1）肌肉。

打开包装需要的力量比人能够提供的力量大，这对老年人和残疾人来说是个问题。当我们的年龄稳定在 30 岁以上时，肌肉的力量会逐渐减小。平均来说，一个 70 岁老人的力量与 10 岁的人相当。这种情况还会因关节炎而加剧。在英国，老年人的力量不足以打开包装的情况影响到 800 多万人。

（2）视觉。

包装上印刷的文字或图标大小通常比许多用户可识读的要小。这对老年用户来说尤其明显，因为随着年龄的增长，我们的静态和动态视力都在下降，我们的近距离适应性和对比度敏感性都在下降，我们对强光的抵抗力和恢复力也在下降。平均而言，70 岁的人的近读视力只有 20 岁的人的 30%。简单地说，适合 70 岁老人阅读的字母大小是 20 岁人的三倍。

（3）认知。

如何打开包装并不总是直观的，因为人们很少阅读说明，所以需要简化打开包装的方式。随着年龄的增长，人们的认知功能可能会出现"终极衰退"，这降低了感知、学习、记忆、思考和推理等能力的有效性。

不考虑上述问题的包装可能会造成麻烦（比如内容物溢出）和危险（比如用刀或剪刀来打开包装），并且非常令人沮丧（比如打开包装需要花费额外的时间和精力）。消费者会青睐于那些包装打开方式更便捷的连锁超市。

2."救护车再设计"项目

本项目是由海伦·哈姆林设计中心和英国皇家艺术学院车辆设计系与伦敦救护车服务、帝国理工学院医疗保健 NHS（国家医疗服务）信托基金会和布里斯托大学在英国西部的分校联合开展的。

该项目由海伦·哈姆林设计中心的设计师与伦敦救护车服务的临床医生和病人代表密切合作，完成设计、评估和修改的迭代过程。在三个测试周期中，他们提出、改进和评估了创意。在第一轮评估中出现了八个关键的设计创新，并在另外两次迭代中得到了进一步的修改和完善。

新的设计改善了安全性能和病人的体验，提高了护理的临床效果和成本效益，给病人、员工和整个国家医疗服务系统带来巨大的好处。

该项目通过一线临床测试，创造了一个全新的救护车内部结构，成功实现了现代救护车设计。此外，项目团队还建造了专门的移动演示器在英国各地展示该项目。

3. "安全而感性：改善老年人淋浴和沐浴的环境"项目

这项为期两年的研究，第一年的目标是解决老年人和能力较差的人在洗澡时面临的挑战。该项目受德国工业合作伙伴汉斯格雅资助，改善沐浴和淋浴环境。在第一年的研究中出现的概念包括暖风烘干机、淋浴喷头皂液机和"躺椅"支撑，以及通过手压激活的磁性水龙头。除此之外，基于该研究项目，第一年还出版了一份名为"瀑布"的出版物，向汉斯格雅的员工和供应商介绍包容性设计的优点。产品概念源于研究活动，源于设计者从 100 份问卷的受访者中抽取的主要用户群体。该研究第二年的目标是扩大行业合作伙伴。在英国的用户论坛和在德国为高级管理人员举办的包容性设计研讨会上产生的见解被设计者汇总成一套包容性设计指南。该研究最终产生了进一步的概念，设计一个适合老年人沐浴的环境，并制作了一个简短的视频纪录片，与随后的企业演示和统计报告相结合，以维持汉斯格雅对包容性设计的长期关注。本案例研究表明，这种扩展研究可以抓住行业合作伙伴的想象力，并有助于影响和指导用户为 50 岁以上人群的公司的战略。

2.2.4 中国无障碍设计的发展

我国提出无障碍设施建设的时间是 1985 年 3 月，当时正是意识到城市中种种"障碍"问题，出现了对"无障碍"理念的实践。中国残疾人福利基金会、北京市残疾人协会、北京市建筑设计院联合在北京召开的残疾人与社会环境研究会上，发出了"为残疾人创造便利的生活环境"的倡议。1985 年 4 月，全国人大六届三次会议提出了"在建筑设计规范和市政设计规范中考虑残疾人需要的特殊设置"的提案和建议。1986 年 7 月建设部、民政部、中国残疾人福利基金会共同编制了我国第一部《方便残疾人使用的城市道路和建筑物设计规范（试行）》，1989 年颁布实施，2001 年修订为《城市道路和建筑物无障碍设计规范》（JGJ 50—2001），2012 年再次修订为《无障碍设计规范》（GB 50763—2012），标志着我国建立起无障碍环境建设技术标准体系，具体发展脉络详见图 2-2。2012 年我国还公布施行了《无障碍环境建设条例》（中华人民共和国国务院令第 622 号）。过去的 30 年里，我国各地出台了相关工作办法，还开展了多个试点改造。

随着我国经济的发展，中国城市的无障碍无论是理念还是实际的设计已经有了大幅度的提升，意味着我国城市设计的进步。

中国消费者协会与中国残联共同发布的《2017 年百城无障碍设施调查体验报告》提出："无障碍设施被占用的情况时有发生，其中以无障碍卫生间和盲道被占用情况最为普遍。如无障碍卫生间被大量杂物占用无法使用，无障碍出入口完全被堵住，盲道被共享单车大面积侵占等。"

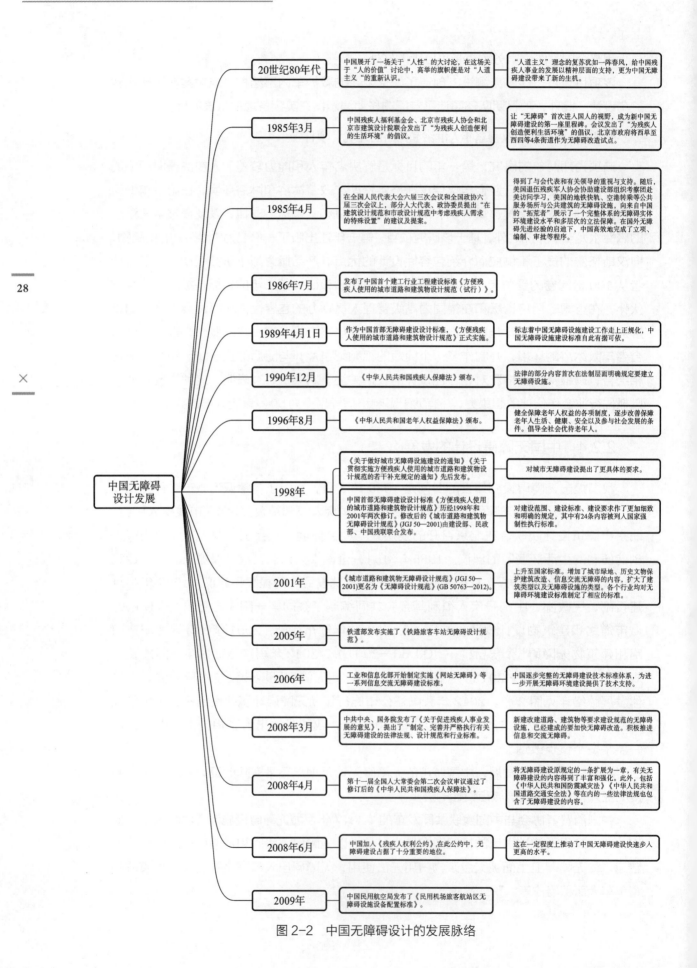

图 2-2 中国无障碍设计的发展脉络

据《北京日报》报道："从调查体验数据来看，目前国内无障碍设施整体满意度处于中等偏下的水平，实地体验调查满意度为 70.8 分。其中无障碍卫生间满意度得分最低，为 66.7 分。具体分行业来看，金融服务、电信营业厅、交通运输和医疗卫生单位无障碍设施普及率较高；水电气暖、餐饮住宿、电商自提点无障碍设施普及率相对较低。"

以上说明我国的无障碍设计依然任重而道远。比如盲道成为摆设、坡道过于陡峭、设计标准过时、无障碍概念流于形式等。

我们正处在一个历史上前所未有的巨大机会点。随着科技的发展，人工智能、图像识别、自然语言处理这些最前沿的技术，将会给所有人的生活带来无法想象的巨大改善。科技可以成为盲人的眼睛、聋人的耳朵、无法说话的人的嗓子、行动不便的人的四肢。

赋能于残疾人，让他们能做到很多原本做不到的事情，能更加方便快捷地完成日常生活中所需的操作，也能缩短他们和健全人之间的能力差距，让他们更好地融入社会、找到工作，过上自给自足、实现自我价值的人生。

2.3 包容性设计的研究意义

2.3.1 设计不良产品的风险

不良设计可能会偶然出现，但是严格的包容性设计流程可以降低商业风险。了解用户需求的多样性可以降低在产品开发生命周期的后期出现不良和高成本问题的风险。

英国设计委员会的一份报告证明了在概念设计阶段采用良好的包容性设计原则的重要性，该报告指出，发布后的变更成本比概念设计期间的变更成本高 10000 倍。

人们通常认为应将设计工作最小化，以降低成本并缩短时间。实际上，不良设计的真实成本（例如来自不满意客户的保修退货）会在产品生命周期的后期出现，并有可能因客户的失望而对品牌形象造成无法挽回的损害。

包容性设计方法可以产生更好的产品，并带来更高的用户满意度和更大的商业成功，同时降低产品开发风险。

美国财政部的货币设计因对用户多样性了解不足，曾付出过巨额的代价。当时，美国财政部把所有的货币设计成同样的大小和材质，而忽视了视力障碍者的需求。根据法院裁定，美国财政部于 2011 年批准在美国纸币中增加触觉特征，估计费用为 66 亿美元。随后，因费用过高，该提案被更改为向符合条件的视力障碍者分发免费货币阅读器设备，以弥补这一设计失误，但仍然要付出相对高昂的代价。

2.3.2 设计者需了解用户多样性

未能正确理解"人"可能导致产品引起用户不必要的挫败感和排斥，同时回报和客户支持率的下降会降低商业成功率。

当我们遇到情境性或临时性的残疾时，我们也许不会专门去设计解决方案。但是，对于有永久性残疾的人来讲，他们遇到的问题并不是"等一等"就会消失的。

中国有1700万视障人士、2054万听障人士（截至2020年数据），随着人口老龄化，这个数字还在不断增长（图2-3）。人口多样性首先是从能力差异的角度引入的，但进一步考虑，还存在不同的现实世界环境、生活方式、愿望、性别和过去经历等产生的多样性。

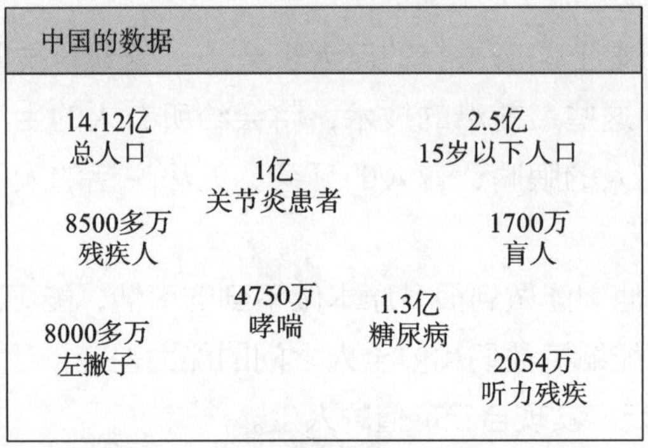

```
中国的数据

14.12亿              2.5亿
总人口               15岁以下人口
         1亿
         关节炎患者
8500多万              1700万
残疾人                盲人
         4750万    1.3亿
         哮喘      糖尿病
8000多万              2054万
左撇子                听力残疾
```

图2-3　中国人口多样性的数据

此外，寿命的延长和出生率的降低导致老年人在成年人口中的占比增加。因此，延长人们能独立生活的时间对于维持可持续的福利体系至关重要。人口老龄化也为包容性设计提供了市场。

如果你的设计无法被残疾人使用，就相当于预先把全国上千万人拒之门外，并对他们宣称"你们没资格使用我的设计"。弱势群体似乎总是这样被社会强制隐形化，我国共有视障与听障人士3700多万，但主流社会几乎没有机会听到他们对产品的诉求。

随着年龄的增长，我们的感觉、运动或认知能力会下降。如果作为产品创作者的我们，都不去考虑老年用户的需求，那么未来谁会来考虑我们的用户体验呢？包容性设计，意味着对所有用户的包容，所有用户包括永久性、情境性、临时性的残疾人群和健全人群。

另外，包容性设计也是一面问题放大镜，能帮助你看到产品中潜在的问题。如果一个有手抖症状的人很难准确地按到你设计的按钮，那么这个按钮对于很多用户来讲也有可能不那么友好。如果一个有学习障碍的人说你设计的界面和布局很难看懂，那么这个界面有可能对很多用户来讲都太复杂。

当你投入时间和精力来解决残疾人群遇到的问题时，所有人都能受益，包容性设计在任何产品里都不只是一个边缘情况，它会影响到所有用户。

2.4　包容性设计原则

包容性设计旨在消除不必要的分离或障碍，它使每个人都能平等、自信、独立地参与日常活动。包容性设计方法为我们与环境的互动方式提供了新的见解，它为发挥创造性和提高解决问题的能力创造了新的机会。

好的设计是包容性的设计。设计好坏的评判标准应该是它是否创造了一个包容的环境。没有做到这一点的设计是不够好的。好的设计应该能反映出用户的多样性，而不是仅适用于指定人群。以下列出了包容性设计核心的五个关键原则。

（1）包容性设计将人放在设计过程的核心位置。

设计和开发应该为人们赋能。为了实现这一点，设计者应该确保让尽可能多的人参与设计。这将有助于促进个人福祉、增强社会凝聚力和令所有人愉悦。

（2）包容性设计承认多样性和差异。

只有创造的环境满足尽可能多的人的需求，才能实现好的设计。每个人都可能会遇到行动不便的情况，比如背着笨重行李的游客、带着小孩的父母、老人或受伤的个人。只有在设计过程中尽早意识到包容性设计的重要性，才能克服众多使用障碍。包容性设计颂扬人的多样性，不应该设置障碍。虽然轮椅使用者和行动障碍者的需求很重要，但也有必要了解有学习困难、精神疾病、视力障碍和听力障碍的人所遇到的障碍。

（3）包容性设计提供了克服单一设计解决方案无法容纳所有用户的新的途径。

一个包容的环境并不试图满足所有的需求。然而，在设计时考虑到人的多样性，包容性设计可以打破障碍和减少排斥，往往会得到更好的解决方案，使每个人受益。当然，残疾人并不是同质的，在设计过程中考虑他们的需求将确保每个人都受益。通过应用相同的高设计标准来满足所有用户的使用需求，包容性设计在平等的条件下拥抱每个人。

（4）包容性设计提供了灵活性。

包容性设计需要了解如何使用以及谁使用建筑或空间。对场所进行包容性设计，使其能够适应不断变化的用途和需求。

（5）包容性设计为每个人提供方便、愉快的服务和环境。

为每个人创造一个易于使用的环境意味着要考虑标牌、照明、视觉对比和材料等问题。进入建筑物并不是简单的物理布局问题，人们还需要在离开家之前做好心理建设，使他们有足够的信心进入陌生的建筑物或空间。在设计的初始阶段，分析一个开发项目的运输模式是很重要的，应考虑道路、停车场、人行道、建筑物入口和其他路线。其他还包括人们有机会使用到的场地内的所有元素。

必须在设计过程的开始阶段就考虑包容性设计，并始终保持整体性。这将有助于创造一个人人都能从中受益的环境。包容性设计原则既涉及设计过程，也涉及最终产品，同样也涉及管理、操作和信息。从规划到详细设计，再到施工、使用、管理和运营阶段，用户和其他潜在消费者都应该参与其中。

思考和练习题

对身边日常生活用品的包容性设计情况展开调研。拍摄人们与产品互动的视频或图片，根据包容性设计的5个原则对其进行评价。将包容性设计的5个原则内容放在评价轴上，绘制一幅视觉雷达图。

第 3 章
关 于 用 户

[学习目的与要求]

本章的重点为用户研究，重点讲述了用户与产品的互动模式，对优秀的用户观察任务设计进行了展示；从视觉、听觉、思维、触及和灵活度以及机动性方面对用户能力进行了详细讲解，并提供了设计指南。要求学生重视包容性设计中对人的能力的理解，在具体的设计项目中不能生搬硬套，要根据具体情况具体分析。本章的难点是在设计的每个阶段如何针对具体问题采取相应的解决方法，这需要经过长期的系统训练，具备理论联系实际的能力。

2007年，当笔者刚开始做包容性设计的时候，遇到过这样一个尴尬的事情：项目是为盲人设计手机，我们武断地认为盲人应该更注重功能，对手机外观的要求应该不高。但我们收到的用户反馈却完全相反："你们用什么，我们就用什么。我们想要美观的产品。"他们希望和普通人使用一样的东西，获得一样的体验。

设计者与弱势群体会有理解上的差异，是因为我们会去假设弱势人群是一群陌生又遥远的、和我们不同的特殊群体，而不是一个有追求、有梦想的人。

大家也许很容易假定盲人不拍照片或者聋人不听音乐，所以摄影和音乐类的产品没必要考虑到他们。但是，这是一个巨大的误区。基于一些毫无缘由的假设，就武断地不给某些用户提供服务，是极其不合理的。

我们从调查研究中学到的事实是：盲人一样喜欢用相机记录和分享生活中的点滴，聋人也一样喜欢用身体感受音乐带来的节奏感和韵律感。

残疾人和健全人的区别仅仅在于感知和接触世界的方式。

你我都无法在黑暗中识别物体，但你不会说我们是残疾人，因为没有别的人可以做到。但是猫可以夜视，鸟会飞翔，狗的鼻子能闻到500米范围内的味道，蜜蜂能看到紫外光的颜色。那么和动物比起来，所有人类都是残疾人吗？当然不是，只是大家感知世界的方式不一样罢了。

这一点，对于身体能力不同的人是如此，对于不同文化背景、教育程度、年龄、性别、性取向、信仰等的人，亦是如此。

我们之所以把眼盲视为一种残疾，仅仅是因为绝大多数人都不是盲人。

试想一下，如果不是4%，而是世界上有96%的人都有视觉障碍，那么我们平时生活的环境和建筑、我们使用的产品，会有哪些不一样？

3.1 概　　述

使用产品或服务对用户的能力提出了要求。例如，阅读产品上的文本，需要用户具有一定的视觉能力和一定的思维能力。了解用户的能力范围及需求，对于包容性设计的产品至关重要。

根据用户能力数据来评估产品是否符合用户需求和是否造成排斥，再利用结论针对能力受损人群进行包容性设计。用户能力可以分为多个类别，其中五个与产品交互尤其相关的类别如图3-1所示。在设计或评估产品时，应考虑以下因素。

（1）视觉是使用光的颜色和亮度来检测物体，区分不同表面并辨别表面细节的能力。

（2）听力是区分环境声音中的特定音调或语音，并分辨声音来自何处的能力。

（3）思维是处理信息，保持注意力，存储和检索记忆以及选择适当的回应和动作的能力。理解他人和向他人表达自己的能力也可以归入思维范畴。

（4）触及和灵活度在日常生活中体现为使用手和手臂的能力，包括可以用手触及身体的不同位置和执行精细的手指操作（比如捡起和搬运物体以及抓握和挤压物体）。

（5）机动性是可四处走动、爬上台阶并保持平衡的能力。

视觉　　听觉　　思维　　触及和灵活度　　机动性

图3-1　用户能力中与产品交互最相关的五个主要类别

3.2 用户与产品的互动模式

用户与产品或服务的交互通常需要一个周期，即"感知—认知—行为"。感知通常涉及视觉和听觉等感觉功能。思维处理也利用感官接收到的信息。行为通常涉及运动能力。

因此，使用产品或服务涉及多种能力，并且这些能力是相互交织的。只考虑单个能力是不够的。为了创建有效的包容性设计，必须综合考虑各项能力。

产品与用户之间的交互也受产品的使用环境影响。例如，弱或强的环境光会影响用户的阅读能力。

产品交互对用户的能力提出了要求。如果产品的使用要求高于用户的能力，用户就可能被排斥在使用范围之外（图3-2）。例如，文本字体非常小的产品需要高水平的视觉能力，与年龄相关的远视眼患者将被排斥在其使用范围之外。

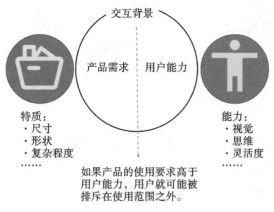

图 3-2　用户与产品的交互

可以对每个功能的需求从低到高进行评级，因此应考虑以下多种因素。

（1）对于视觉，需考虑图形和文本元素的大小、形状、对比度、颜色和位置。

（2）对于听力，需考虑产品产生声音的音量、音调、清晰度和位置。

（3）对于思维，需考虑产品对用户思考能力的要求、帮用户理解操作界面等。

（4）对于触及和灵活度，需考虑使用产品所需的力、动作和握力类型。如果必须用双手或将手伸到头顶上方和腰部以下来执行任务，则对用户能力的要求会增加。

（5）对于机动性，需考虑产品是否需要用户四处走动。如果设计一个环境或服务，请考虑它是否需要提供适当的功能来支持移动辅助设备。

在获得更好的数据之前，只能根据个人判断来适当修改需求水平以便适应这些影响因素。

3.3　用户观察任务

3.3.1　任务设定

作为设计者，我们经常根据已知的内容去创造和评估想法。我们努力创造能够解决需求、与人体配合良好、改善生活的体验。但问题是：如果我们以自己的能力为基准，那么，我们设计的产品对某些人来说很容易使用，但对其他人来说却很难使用。世界上有 80.8 亿人，包容性设计的目标是创造出适合每个人的身体、认知和情感的产品，要把人类的多样性看作更好的设计资源。

本书将介绍微软包容性设计工具包的应用。该工具包用于现有的设计过程基于三个原则：识别排斥；从多样性中学习；从为一个人服务扩展到为许多人服务。我们可以使用这个工具包来评估现有的流程，并开发新的实践途径。随着我们从经验中学习，包容性设计将继续发展。以下为三个小练习。

（1）练习：创建用户画像谱系。

目的：将人类的能力映射到一个谱系上，以提供有利于每个人的解决方案。

对至少一种能力有永久性限制的人进行面试，要求如下。
- 问问他们喜欢做什么，他们是怎么做的。
- 记录他们遇到问题或受限的经历。
- 创建一个谱系，说明类似的限制如何扩展到临时和特定场景。

（2）练习：角色网络。

目的：从个人生态系统的角度考虑设计方案。

选择一个特定的人，要求如下。
- 记录他每天和谁交往。他依靠谁？信任谁？享受这种生活方式吗？
- 画一张这个人的角色网络图，以及他与3～5个人的主要互动，包括通常发生的不同类型的互动，比如制定晚餐计划或去工作。
- 列出这个人与其环境的不匹配之处。

（3）练习：互动日记。

目的：通过对人们互动的详细观察激发包容性设计。

选择一个你可以观察人们相互交流的地方，要求如下。
- 理想情况下，这个地方是一个你可以做笔记、画草图和观察他人的地方。
- 把你的注意力集中在小事情上，这样你的意识就会在观察他人时得到提高；注意语言和非语言交流。
- 写出或画出人与物体之间的互动。
- 反思你的观察结果，进一步探索人与人之间以及人与产品之间互动不匹配的原因。

3.3.2　作业赏析

（1）针对老年人的包容性设计之用户观察，见图3-3至图3-13。（设计者：黄子轩；指导老师：季茜）

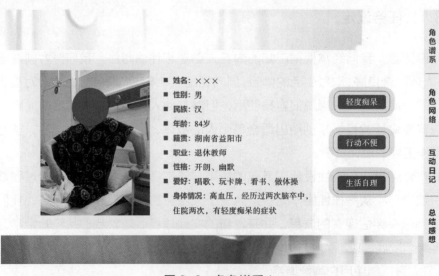

图3-3　角色谱系1

Q1 您平时喜欢做什么，如何做的？

早上一般7点前会起床，起床后喜欢四处走动。看天气情况，一般会经过固定的路线，从家里出发，在楼下的院子里走六七百米的样子，再原路返回，喜欢做体操锻炼身体。

走路运动的距离比较近，太远容易迷路，喜欢在马路中间走。

双手搀扶着阳台的围墙，像做俯卧撑一样来回踮起脚尖，上下曲臂运动。

双手搀扶着阳台的围墙，双腿外张，做"一"字。

图 3-4　角色谱系 2

Q2 您有遇到过什么困难或受限的经历吗？

有几次在家中突然晕倒的情况，来不及坐下或躺下，基本上是抓着连接客厅和阳台通道的门把手，然后呼叫家人帮忙。两次检查都是脑卒中，幸好及时送到医院。从2023年下半年起就没有去过市场了，如果要出远门购物，基本靠女婿开车接送。上车的时候是很方便，一般需要别人搀扶上车，不能坐长途车，会有些晕车。近距离采购会直接到楼下的超市和社区卖菜的地方。

不出远门是因为体力不行吗？
——主要是担心在路上突然摔跤，如果摔跤了，还可以及时通知家人，打电话及时送到医院去。

为什么不用带轮子的拐杖和可支撑的购物手推车呢？
——带轮子的拐杖在真正晕倒时没用，还是很容易摔倒。

家附近的小市场

图 3-5　角色谱系 3

▶ 人际交往

家人
- 大多数时间和伴侣生活在一起，由对方照顾饮食起居，生活基本能够自理。
- 有一子两女，只有小女儿一家会时常回家吃午饭。
- 外孙女和孙子在外地工作，外孙上大学，只有寒暑假会聚在一起。

朋友
- 与楼下的几个老奶奶比较熟，经常一起打牌。
- 一年里偶尔会有外地的老朋友来拜访，2023年串门较少。
- 有一部分朋友的名字已经记不住了，认为一些已经去世了的朋友还在。

图 3-6　角色网络 1

▶ 主要互动

打牌

聊天

看电视

平常会在家里的阳台上和老伴两人一起打牌，阳台上会搭起一个小桌子，光线比较充足。天气好的情况下会在楼下和几个朋友一起打牌。

大多数户外时间会坐在楼下台子上（自家门面前的小空地）和邻居聚在一起聊天，天气好的情况下能坐一下午。

觉得家里太安静时会把电视机打开，有时会忘记观看的是哪一频道，电视的音量会开得比较大，看着电视容易睡着。

图 3-7　角色网络 2

▶ 与环境的不匹配处

① 不记得自己要吃什么药，需要家人随时准备。
② 还保留了很多年轻时候的记忆，比如小时候打渔的生活等，但越近的事情越容易忘记。每天都有泡脚的习惯，有时候泡完脚把水倒掉后又会重新接水泡脚。
③ 喜欢把东西藏起来，家中许多亲友送的食物经常被藏起来，找不到在哪里。出现许多次食物浪费的情况。家里的钥匙也经常丢失，需要找很久才能找到。
④ 对周围的事物失去兴趣，电视机声音往往需要调到很大，即使是这样也会在电视机前睡着。

图 3-8　角色网络 3

▶ 与环境的不匹配处

① 打牌的时候往往习惯把相同颜色的牌发出去（应该是相同的花色）。
② 打牌时忘记有海绵可以润湿手指，会出现舔手指的情况。
③ 洗碗的时候总是忘记加洗洁精，习惯把碗拿到洗脸台去洗，而不是在厨房洗。
④ 会有起夜的习惯，上厕所时只能使用坐式马桶。
⑤ 看书时除了戴老花镜之外还会拿放大镜。

图 3-9　角色网络 4

受路程限制，设计者无法跟随老人回家进行观察。且老人不会用视频沟通，因此到集贸市场对几位80岁以上的老奶奶进行观察记录。

几位老奶奶几乎在晴朗的日子里都来集贸市场，问问题时，奶奶们耳朵很难听见设计者说的内容，并且语言中混杂着大量的方言，声音较轻，听不清在讲什么。有一定的沟通障碍。

图 3-10　互动日记 1

01
手上的东西没地方放，为了能够随时补水，水杯只能拿在手上。

02
轮椅转向不便。

从旁边的几位护工奶奶那里了解到，这三位轮椅上的老人生活基本上不能自理，饮食起居离不开人。不论做什么都需要有人陪。上厕所时需要护工搀扶，吃饭时需要护工喂饭。

不能坐电动轮椅自己行动吗？
——比较害怕电动轮椅，相较坐电动轮椅，她们更愿意他人推轮椅。如果想四处逛逛，她们会说。

她们的业余生活是怎样的？
——就像这样晒太阳，只要不下雨基本上都在这里，这里没有灰尘，就这样围着聚坐在一起。

图 3-11　互动日记 2

轻度阿尔茨海默病患者的特征包含以下几个方面：

- **记忆障碍**：经常忘记重要的日期、名字、电话号码等信息，会忘记刚才做过什么事情，对他们的生活和工作造成困难。
- **认知能力下降**：感到思维迟缓、难以集中注意力，难以理解新的概念和信息。
- **社交困难**：感到难以与他人交流，忘记他人的名字或无法识别面孔。可能会变得孤独和难以适应社交环境。
- **情绪问题**：可能会经常感到困惑、失落、不安或沮丧。这些情绪可能会导致他们的生活质量下降，并对他们的家人和看护人造成额外的负担。
- **日常生活困难**：可能会遇到日常生活中的各种困难，例如忘记吃药、迷路、不知道如何处理金钱等。

针对这些困难，轻度阿尔茨海默病患者需要得到家人和看护人的支持和帮助，他们可能需要一些训练和咨询来应对这些挑战。同时，轻度阿尔茨海默病患者的家人和看护人也需要了解如何与患者沟通，如何帮助患者完成日常任务，以及如何适应患者可能会遇到的情绪问题。

图 3-12　总结感想 1

图 3-13　总结感想 2

（2）针对新手妈妈的包容性设计之用户观察，见图 3-14 至图 3-19。（设计者：王思嘉；指导老师：季茜）

1. 问问她们喜欢做什么，她们是怎么做的？

| 准备食物 | 换尿布 | 室内玩耍 | 室外玩耍 | 陪伴睡觉 |

果汁、蔬菜汁等液体的食物，米粉、果泥、蔬菜泥等半固体食物，煮的很烂的米饭、面条和切成很小块的水果、蔬菜等固体食物。

尿布不要包裹太紧，避免刺激宝宝敏感的皮肤，影响宝宝的自由活动。尿布的温度要低于宝宝腹部的皮肤温度，宝宝一天需要多次更换尿布。

带着宝宝一起看绘本、玩玩具，进行亲子游戏等。

天气好的时候带着宝宝一起出门散步，或是和其他小朋友一起玩耍。

多注意保暖，避免宝宝受凉，这样能够有效地预防孩子得感冒。在孩子睡觉的时候也要保持室内通风，避免空气干燥，保证室内的温度和湿度适宜。

图 3-14　用户观察 1

2. 记录她们遇到问题或受限的经历。

在外活动时，新手妈妈长时间背着宝宝会很疲惫，外出时东西很多，腰凳前后调换麻烦、难以一人操作完成腰凳穿戴工作。

图 3-15　用户观察 2

3. 选择一个特定的人,记录她每天和谁交往。她们依靠谁?信任谁?享受这种生活方式吗?

对象: 一位新手妈妈(一岁宝宝)
交往: 一位新手爸爸
依靠:
一同负责宝宝的早教
一同负责家务
一同负责宝宝起居
相互配合进行腰凳的穿戴等操作
……

图 3-16　用户观察 3

4. 画一张这个人的角色网络图,以及她与3~5个人的主动互动,包括通常发生的不同类型的互动,比如制定晚餐计划或去工作。

阶段	上午	中午	下午
情形			
心情			
	起床　做早饭　带宝宝玩玩具　做午饭　午休	收拾东西准备出门　下楼	和宝宝一起散步　回家
痛点	家务劳累	难以单人操作	长时间背着宝宝导致疲惫

图 3-17　用户观察 4

5. 写出或画出人与物体之间的互动。

　　人与腰凳之间的交互

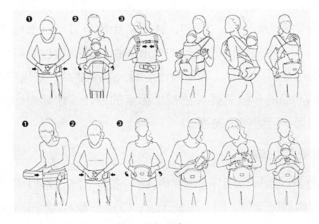

图 3-18　用户观察 5

6. 反思观察结果，进一步探索人与人之间以及人与产品之间互动的不匹配之处。

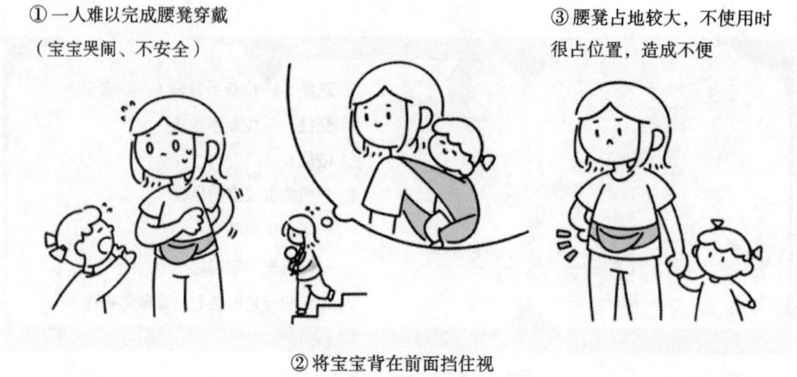

① 一人难以完成腰凳穿戴
（宝宝哭闹、不安全）

③ 腰凳占地较大，不使用时很占位置，造成不便

② 将宝宝背在前面挡住视线，又难以调整到背后

图 3-19　用户观察 6

3.4　用户能力

3.4.1　视觉

视觉使我们能够通过图像和色彩来感知世界。我们通过视觉获取的信息进行活动并与物体和环境互动。任何产品或环境的有效设计都应考虑人类的视觉能力。

视觉涉及眼睛的不同部分和神经系统的共同作用。此系统中的任何一个因素出现问题，都会使人们的视觉感知变得困难或丧失。诸如近视和远视之类的常见疾病通常可以通过佩戴眼镜来纠正。但随着年龄的增长，人们眼部肌肉的功能会减弱，晶状体也会变硬。这意味着眼睛不再适应聚焦在不同距离的物体上。

由于衰老和各种眼睛状况，眼睛的结构和功能也会变差，这可能导致视力模糊或对比敏感度降低。色盲是另一种情况，可能使区分某些颜色变得困难或无法分区。

视觉用于感知图案、文本、颜色和形状信息，因此对于产品交互而言极为重要。设计时，可考虑使用多种媒介传递信息（如视觉、听觉、触觉等）。例如，通过听觉或触觉手段补充信息，以帮助视力障碍者。同时，还要避免信息过多而造成视觉负担。此外还需意识到，能力缺失不一定是单一的，比如很多视力障碍者也有听力障碍。设计者可通过视觉障碍模拟器感受用户体验，确保设计能最大限度地减少对用户的排斥。

设计或评估产品时一般需要关注视觉因素的设计，包括设计元素的大小和形状、对比度、颜色、布局、照明和眩光等。

1. 设计元素的大小和形状

较差的视力条件会导致用户的视力模糊、视力下降，难以看到细节。文本和图形元素必须足够大才能清晰可见，但又不能太大，以至于看不到整张图片或完整句子。此外，设计的元素还需要具有用户能够区分的特征或细节。例如，识别汉字涉及区分字中的笔画，这受到字体线宽和间距等因素的影响。

设计中要考虑的重要事项如下。

① 考虑大小。确保视觉元素（如文本和图形）足够大，在不太靠近的情况下也可识别。例如，手机 App 中尽量避免使用字号在 14 号以下的文字，确保图标清晰可读。

② 考虑粗细。尺寸不太小的情况下，线条越粗越清晰。例如，手机 App 中尽量避免使用细 / 极细的字体，除非字号足够大（24 号以上）；避免使用极细描边的按钮和图标；避免对字号在 12 号以下的字使用粗体（中文避免对 14 号以下字使用粗体）。

③ 仔细选择字体。避免将斜体或装饰字体样式用于文本或符号。通常的做法是对大段文本使用衬线字体，对符号、标签或标题使用非衬线字体（图 3-20）。例如，在设计手机 App 时，尽量不使用斜体、下划线与全大写，因为这些处理方式会降低字的清晰度。

(a) 衬线字体（宋体）
(b) 无衬线字体（微软雅黑）
(c) 装饰字体（方正书体）

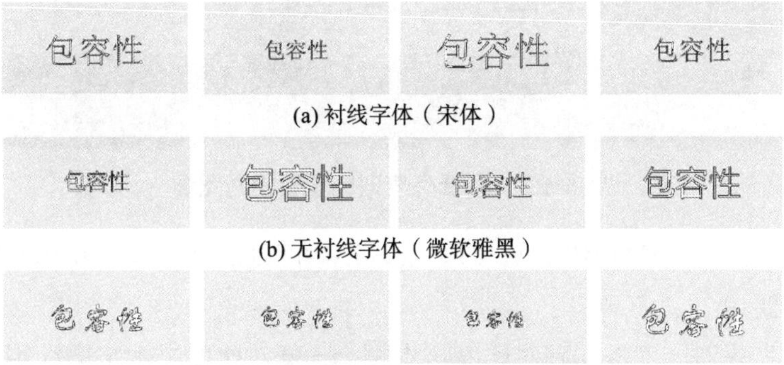

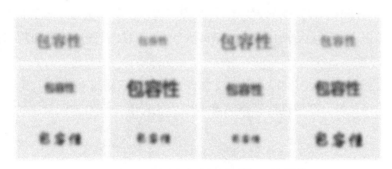

图 3-20　字体大小和样式的不同组合

④ 考虑符号的清晰度。在设计图形符号或徽标时，应仔细考虑线宽、线间距和整体尺寸（图 3-21）。

图 3-21　降低清晰度后观看相同的图像

2. 对比度

对比度感知力是视觉感知前景色和背景色之间亮度差异的能力。它与被感知物体的大小、距离和照明有关。白底黑字会产生最大对比度，反之亦然（图 3-22、图 3-23）。

图 3-22　确定最有效颜色组合（请尝试在不同距离或斜视状态观看和阅读）

图 3-23　降低亮度对比观看相同图像

对比度感知力对于感知和阅读文本、在环境中四处走动以及感知建筑物、道路和人行道等非常重要。

设计中要考虑对比度。与高对比度文本相比，低对比度文本将增加用户感知难度。此外，主体必须与背景有足够的对比，以便识别。

设计中要考虑的重要事项如下。

① 考虑物体的对比度。确保重要的物体及其特征与环境具有足够的对比度。例如，在台阶的边缘添加高对比度条带可以使它们更容易被注意到，从而避免行人跌倒。此外，最权威的互联网无障碍规范——WCAG AA 规范规定，所有重要内容的色彩对比度需要达到4.5∶1或以上（字号大于18号，或粗体大于14号时，对比度标准可降低到3∶1），才有较好的可读性。

② 考虑元素的对比度。确保图形和文本元素与其背景有足够的对比度。

③ 仔细选择背景。要特别注意带图案或图片的背景，因为它们会干扰文本或图形元素的可读性。

3. 颜色

颜色能够传达物理世界的信息，它是由我们眼睛中的细胞在相对明亮的光线下发挥最佳作用从而感知到的。因此，在光线较暗的情况下人眼很难区分颜色。

有些人会受到色盲症的影响，虽仍可感知颜色，但是不能有效地区分特定的颜色。其中最常见的是红绿色盲，患者在色谱中难以区分出红色和绿色（图 3-24、图 3-25）。

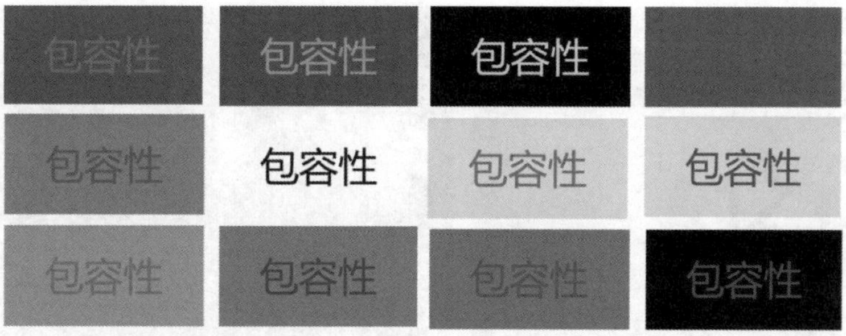

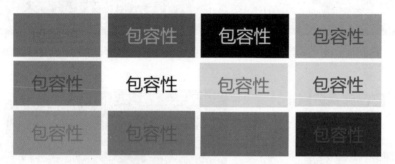

图 3-24 确定最有效颜色组合（请尝试在不同距离或斜视状态观看和阅读）

图 3-25 模拟红绿色盲查看相同图像（患者在观看时，具有相似亮度对比的前景色/背景色可能会消失）

如果仅使用单一颜色来提供信息，可能会使部分人与产品的交互变得困难。

设计中要考虑的重要事项如下。

① 补充途径。考虑使用颜色来帮助传达信息，但也要通过其他呈现方式（例如使用形状和文字）来进行补充。

② 确保足够的对比度。考虑使用色彩来帮助突显物体，同时确保还有足够的亮度。

③ 检查灰度。当产品的图像转换为灰度时，请检查产品是否仍然可以使用。

4. 布局

布局是设计的重要方面，对其外观的可访问性有很大影响。考虑视野缺失的问题时，这一点尤其重要。

人的视野是指人的头部和眼球固定不动的情况下，眼睛观看正前方物体时所能看得见的空间范围（静视野）。随着年龄的增长和各种眼睛状况的变化，人可用的视野可能也会发生变化。视野变化的损伤可以从视野的中心开始（中央视野缺损），也可以从视野的外边缘开始（外围视野缺损）。

中央视野用于聚焦和感知细节。当视线模糊不清时，需要感知细节（例如阅读）的任务变得非常困难。人们通常会尝试使用外围视野以弥补这种损失，但外围视野的视网膜不那么敏感，从而导致了视觉敏锐度和对比度的损失。

可用外围视野的缺损会导致视野狭窄并影响移动性。一台控制键间距很大的火车票售票机，当外围视野缺损后观看时，就可能导致使用问题，如图 3-26 所示。图 3-27 显示了该机器流程图重新设计的布局，其中强调了所需动作区域之间的连续性，从而使界面更加实用。

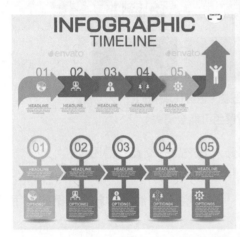
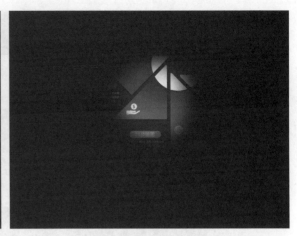

图 3-26　旧版流程图（正常视野下布局清晰度较差，外围视野缺损后无法迅速感知全局）

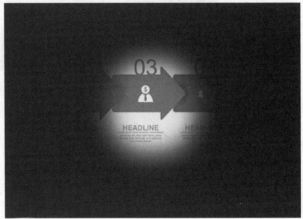

图 3-27　新版流程图（外围视野缺损时也可感知整体布局）

设计中要考虑的重要事项是视野缺损。设计师应使产品或服务对那些视野损伤的人保持可见性和可用性。

5. 照明和眩光

使用产品的环境可能会影响其视觉的可用性。环境照明会影响视觉对细节的感知能力。光源相对于用户和产品的位置也很重要。例如，用户可能难以阅读电视背面的文字，或者难以在面对太阳的同时阅读道路标志。

当从相对于光源的某个角度观看反射性表面（例如屏幕）时，眩光也会造成很大的识别困难。当产品或使用者的位置固定或受限时，例如在观看路标时，对反射率、距离和视角的考虑特别重要（图 3-28、图 3-29）。

设计中要考虑的重要事项如下。

① 考虑照明条件。选择文本和图形的大小、字体和对比度时，考虑可能的照明条件。

② 使用户能够控制照明。使用户能够控制光源的强度、位置和角度，以提供最适合用户视觉能力的照明。

③ 考虑眩光。根据以下因素考虑潜在的眩光问题：所观察物品表面的光洁度、光源的强度和视角。

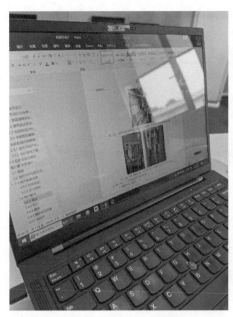 

图 3-28　屏幕的倾斜调节（有助于最大限度地减少一系列用户的视角和眩光问题）

图 3-29　查看设备的背面（使用环境引起的困难）

6. 能力统计

视力水平要求如下（依序递增）：

- 不需要看到任何东西；
- 像报纸头条一样直观清晰；
- 像大字报一样清晰；
- 像普通报纸印刷品一样清晰。

以茶杯为例，根据视力水平要求可判断该产品在视觉上对用户的包容性和排斥性（图

3-30），配合人口普查数据则可估算出具体的排斥人数，为改良方案提供量化依据。

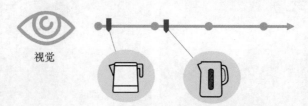

图 3-30　根据视力水平要求可判断产品的包容性和排斥性

3.4.2　听力

听力是转译声音振动的能力。振动被外耳吸收，并传递到内耳的耳蜗，耳蜗将它们转换为神经冲动，然后沿听力神经传递到大脑。当从外耳到中耳的通道中存在阻塞时，会导致传导性听力损失，导致听不到微弱的声音，同时识别高频声音的能力下降。

各种声音通常用于产品和服务中，涵盖了从简单的声音（如嘟嘟声和音调）到复杂的声音（如语音和音乐），故其与产品交互息息相关。在许多情况下，需要针对背景噪声进行聆听和解码。

当耳蜗衰老或产生疾病导致听力感觉神经性丧失，就会影响用户对声音质量的感知，并导致无法理解语音和区分各种声音，特别是在噪声干扰的情况下。声音定位的能力也会随着年龄的增长而降低，尤其对于音量相对较低且持续时间较短的声音（如手表产生的声音）。

在产品或服务中使用声音时要考虑的影响因素如下。

① 考虑使用多种手段。考虑通过视觉或触觉手段补充信息以帮助听力障碍者，但不要使信息过多而造成听力障碍，且需考虑到很多有听力障碍的人也有视力障碍。

② 考虑使用助听器。很大一部分听障人士需要使用助听器。如果产品大量使用声音，需考虑提供电感耦合来为这些人提供品质更好的声音。

设计时要考虑的听力因素具体包括音量、音高和清晰度、声音的位置、语音运用、背景噪声和混响等方面。

1. 音量

听到声音的难易程度取决于声音的强度，即声音的响度或音量。

设计中要考虑的重要事项如下。

① 提供可调的音量。尽可能提供可调节的音量，或确保声音具有足够的响度以应对可能存在的环境噪声。

② 避免音量过大。尽量避免发出不舒服或危险的声音。

③ 自定义音量。除了一般的音量控制外，还可以考虑提供用户能够自定义单耳听觉输出的音量。

2. 音调和清晰度

听到声音的难易程度还取决于声音的频率，即音调（声音的高低）。为了检测声音，音调必须在听众可以听到的频率范围内。

诸如语音和音乐之类的复杂声音包含一定范围的频率。为了转译声音信息，用户需要能够区分它们，例如区分语音中不同字母的声音信息。这也要求声音应足够清晰。

常见的听力损失类型可能会使用户很难听到较高音调的声音，例如女性的声音。此外，听力受损的人通常很难分辨相似频率的声音，因此很难从混乱的背景噪声中分辨出声音信息。

设计中要考虑的重要事项如下。

① 避免发出很高的音调。将蜂鸣声和声音的频率保持在 800 Hz 到 1000 Hz 范围内，使能感知到它们的人数最大化。

② 确保良好的录音质量。使用清晰和高质量的录音，确保声音成分易于区分，尤其是对于听力受损的人。

③ 避免使用频率相似的声音。避免使用相似频率的声音来指示不同的事物（例如提醒设备上的不同警报类型），有些人可能会觉得难以区分。

3. 声音的位置

声音定位是确定声音位置的能力。当产品交互中需使用声音提醒用户或告知用户其位置时，这一点就显得尤为重要。例如，倒车警报器提醒人们车辆的存在和位置，或用户可以使用手机铃声来帮助定位手机。

人们依靠声源到达双耳的时间和强度来定位声音的方向，听觉神经通过处理和分析时间差、声级差来确定声音的来源（图 3-31）。因此，定位声音的能力需要两只功能正常的耳朵，而这种能力会随着一只或两只耳朵的功能下降而减弱。

图 3-31　声音定位

有些声音比其他声音更容易定位。经典救护车警报器的声音很难定位，因为它仅包含两个特定频率。白噪声具有较宽的频率范围，因此最容易定位。声音定位还可以通过使用其他输出途径（例如灯光、运动或振动）来辅助。

如果产品或服务需要告知人们其位置，则设计中要考虑的重要事项如下。

① 使用多个频率。考虑使用包含多个频率的声音。

② 使用多种媒介。考虑通过灯光、运动或振动来增强声音定位。

4. 语音运用

许多产品使用语音输出，例如电话、自动取款机和汽车导航系统。弱视人群的无障碍技术通常使用语音输出作为信息交流的替代方法。

声音足够大时可以检测到语音，但是仍然很难分辨出说话的声音，尤其是在有背景噪声的情况下。因此，除上述一般要点外，还应考虑一些因素。

语音输出可以预先录制和重放，也可以合成。但是，合成语音通常更难让老年人理解。语音可以使用男性或女性声音。通常，女性声音具有较高的音调，因此对于某些人来说可能更难听到。男性的声音则更可能在听觉范围内。各种口音和语调也会影响人对语音的理解程度。如果语音高速播放，也可能让人难以理解。

设计中要考虑的重要事项如下。

① 使用自然录制的语音。这通常比合成语音更容易理解。

② 避免高声说话。女性的声音通常比男性的音调高，因此对于某些人来说可能更难听到。

③ 考虑语音清晰度。使用合适的语调、适当的字率和清晰的发音。

④ 使用高质量的声音系统。确保传输和再现语音的系统发音足够清晰。

5. 背景噪声和混响

存在噪声的情况下检测声音比在隔离状态下检测声音更困难。例如，在拥挤的餐厅中接听电话或在电视打开时接听电话，都需要用户能够将说话的声音与背景噪声区分开。大多数现实世界的活动都是在一定的环境噪声下进行的（图3-32、图3-33）。

图 3-32 嘈杂环境中顺畅谈话比较困难

背景噪声对于助听器使用者来说尤为困扰，因为某些助听器会不加选择地放大背景噪声。感应线圈或T线圈将说话的声音直接传送到助听器，可以将助听器设置为仅接收该信号，从而完全消除背景噪声。

有大量声音反射和混响的空间也会引起听力问题。声音失真，则更难以与背景噪声区分开。这发生在需要发布公告的重要公共场所，例如火车站和地铁站、运动场和音乐厅，如图3-34所示。混响的增加会影响有辨别能力的人，但会更多地影响能力下降的人（图3-35）。

图 3-33　环境噪声水平影响理解语音输出产品的提示

图 3-34　理解广播和讲话的能力取决于背景噪声水平

图 3-35　大厅和公共场所的混响影响沟通

设计中要考虑的重要事项如下。

① 考虑背景噪声。设置音量级别时，考虑可能的背景噪声级别。

② 考虑声音反射。设计环境和空间时，考虑声音的反射和混响，并考虑通过吸收噪声来消音。

6. 能力统计

听力水平要求如下（依序递增）：

- 不需要听到什么；
- 在安静的房间里大声说话时能听懂；
- 使用电话时不需要为听力障碍做出特殊的调整；
- 在背景噪声下跟随对话。

根据听力水平要求可判断产品的包容性和排斥性（图3-36）。

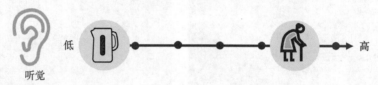

图3-36 根据听力水平要求可判断产品的包容性和排斥性

3.4.3 思维

产品交互涉及思维的许多不同方面，其中包括从产品界面获取感官信息、将注意力集中在产品和任务上、记住产品上图标的含义以及选择适当的响应和操作。

这些功能随着年龄的增长而受到不同程度的影响。成熟的记忆和技能不会随着年龄的增长而受到影响，但学习新事物、做出决定和对感官信息做出响应所需的时间会增加，错误发生的频率也会增加，识别事物的能力会降低，分心的可能性也会增加。

脑部疾病随着年龄的增长也越来越普遍，例如帕金森病和阿尔茨海默病。这些脑部疾病都会在不同程度上影响记忆、注意力、运动、感知、推理和社会互动。大脑的特定区域涉及不同的功能，如图3-37所示。

1. 布局和视觉形式

产品的视觉形式和布局，可以为使用产品提供强有力的线索。这些线索曾经被称为"启示"或"符号"。例如，门上的平板表示应将其推动，而把手则表示应将其拉动。

解释视觉形式涉及一部分被称为"视觉思维"的能力。这是感知和思考视觉对象和空间关系的能力。它包括根据物体的形状、颜色和位置将物体之间相互联系起来的能力。

视觉形式的解释也依赖于先前的经验。例如，人们的一般经验可以帮助他们意识到应该按下按钮并且应该拉动手柄。

设计中要考虑的重要事项如下。

① 指示交互方法。使用设备的可视形式帮助用户了解他们可以与哪些区域进行交互，

以及交互的正确方法。

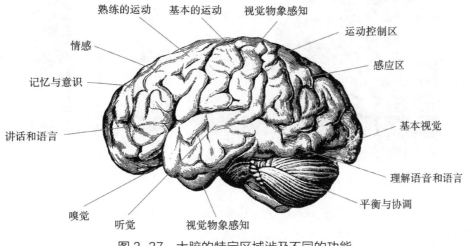

图 3-37　大脑的特定区域涉及不同的功能

② 在视觉上对特征进行分组。使用形状、颜色和对齐方式有助于对具有某种相似性的要素进行视觉分组，从而减少用户定位要素所需的时间和精力。

③ 控件和设备相匹配。明确控件如何与它们所在的设备相匹配，例如，将控件依照与相应设备的布局相匹配的空间方向对齐放置。

④ 符合经验。以符合一般先前经验的方式使用。例如，以前的经验表明我们应该拉把手，而提供一个推动的把手则可能会导致混乱。

2.语言和沟通

对于许多产品，用户需依靠其语言和沟通能力来理解产品的文本、图形或语音形式的信息，或在界面中输入信息。然而，语言和沟通能力是复杂的，涉及许多不同的潜在能力，包括感知、注意力、记忆和高级思维。

许多不同的情况都会影响语言和沟通能力，其中包括语言的特殊困难（比如阅读障碍），以及更普遍的思维问题（如记忆和注意力困难）。感觉丧失也会使人难以感知信息，运动障碍可能会使人难以清晰地说话、打字或写字。成功的产品设计需要仔细考虑多种不同的交流方式。

在设计中需要考虑的重要事项如下。

① 使用简单的语言。

② 补充文本信息。图像和图标可以补充文本信息，帮助用户更好地理解文本。

③ 注意语音输入。如果使用语音输入，要考虑到口语可能不清楚等问题。

④ 考虑阅读障碍。考虑阅读障碍者的需求。阅读障碍是一种影响语言技能的特殊学习困难，简单的设计改变可以让阅读困难的人更容易理解文本（图 3-38）。

3.注意力和专注度

一个人的注意力可以有意识地针对特定的任务，或者被诸如忽闪的灯光、一个人的名字之类分散注意力的事件所吸引。这可能是有利的，例如将人的注意力引向警告或危险。但这也可能导致分心。

图 3-38 使用简单的语言并以多种形式提供信息

如果一个人必须立即记住很多事情,那么他的注意力就会超负荷。这可能会导致其他任务被遗忘。例如,如果某人在交谈或阅读时尝试做饭,则很可能会忘记某些东西或错过某些操作。

时间不充足的压力还会使用户的注意力超负荷。例如,在驾驶汽车时,用户需要持续注意道路危险、道路标识和周围车辆的信息。如果用户不能足够快地处理信息,则新的信息将不被注意,或出现信息丢失的情况(图 3-39、图 3-40)。

图 3-39 开车时使用汽车音响等产品会增加注意力的负担

图 3-40 开车会给一些关键的决定增加时间压力(比如是否在支路转弯)

随着年龄的增长,调整注意力的能力会降低,从而导致同时执行两个或多个任务的能力下降。

设计中要考虑的重要事项如下。

① 避免集中注意力。尝试确保在任何时候都能灵活地调整注意力。

② 避免不必要的元素。避免在界面上使用不必要的元素，尤其是闪烁或引人注目的元素，因为可能会分散注意力。

③ 避免时间不充足的任务。

4. 结构化信息

有些产品和服务要求用户注意并记住信息。例如，用户可能需要记住在计算机应用程序中执行的一系列动作，在呼叫中心菜单的选项列表中按哪个号码，或者特定选项处于分层菜单结构中的位置。

这涉及一个被称为"工作记忆"的思维方式。它的用法包括记住正在读出的电话号码、下拉菜单中的单词列表、表格上对象之间的关系。

已知工作记忆的容量仅限于大约七个"块"或项目。但是，实际上可以同时存储和处理的信息量取决于信息的形式，例如将信息以分组的方式以及将信息与所在存储器链接的方式。

设计中要考虑的重要事项如下。

① 结构化信息。适当的结构化信息可以作为"块"而不是单个项目来处理，从而帮助记忆和学习。

② 减少内存负载。减少在任何给定时间内需要记住的信息块的数量，最好不要超过五个。

5. 能力统计

思维能力包括专注力、长期记忆力、读写能力、语言理解力和讲话能力等五方面。根据思维能力要求可判断产品的包容性和排斥性（图 3-41）。

图 3-41　根据思维能力要求可判断产品的包容性和排斥性

① 专注力要求如下（依序递增）：
- 不需要集中精力；
- 专注于一个简短的电视广告而不分心；
- 专注于制作烤面包而不分心；
- 专注于洗澡而不分心。

② 长期记忆力要求如下（依序递增）：
- 不需要记住任何东西；
- 记住自己的名字；
- 记住最好朋友的名字；

- 记住经常见面的朋友和家人的名字。

③ 读写能力要求如下（依序递增）：
- 不需要阅读任何文字；
- 阅读并理解个别常见的词汇，例如猫、房子；
- 阅读并理解一个句子，例如小报中的句子；
- 阅读并理解一篇短小的报纸文章。

④ 语言理解力要求如下（依序递增）：
- 不需要理解语音；
- 大声说话时能听懂个别常用词；
- 大声说话时能理解简单的句子；
- 理解简短的音频新闻报道。

⑤ 讲话能力要求如下（依序递增）：
- 不需要说话；
- 把普通话说得足够清楚，让别人明白；
- 清楚地提出一个简单的问题，使他人能够理解；
- 在典型的日常对话中，说得足够清楚，别人也能理解你的意思。

3.4.4 触及和灵活度

许多产品和服务都依靠用户的双手和手臂来操纵控件，施力并移动物体，如转动杠杆或推开门。因此，手和手臂的各种能力影响产品的使用，这些能力可以大致归为"触及和灵活度"类别。

要操纵对象，用户首先必须能够触及产品，然后在其上施力。施力的类型是多样的，例如使用单个手指按下按钮、用整个手连同手臂和身体的肌肉来捡起物体或推开一扇门。

我们经常同时使用双手来操纵对象。这种协调的运动需要手指的力量及灵活度、感觉能力和运动控制能力。

疼痛可能会限制施力和灵活度。老年人普遍患有的关节炎会引起关节僵硬、肿胀和疼痛。当使用产品引起疼痛时，即使产品仍然可用，也会严重影响其使用满意度。

许多身体健全的人都曾遇到过手部暂时受伤的情况，这可能会影响手部的灵活度，造成挫败感，尤其是在使用需要双手配合的产品时。

有些产品需要使用者握着。握的方式各不相同，有的要用整只手，有的只用几根手指，也可能需要不同的力度（图3-42）。

有些产品需要一定程度的精确施力，比如按下一个小按钮（图3-43)或拿起一个小物体，或拼字游戏。

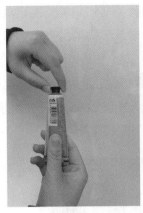

图 3-42　握持和施力

图 3-43　精确施力

1. 控件的位置

使用产品时,用户必须首先能够接触到它(图 3-44)。

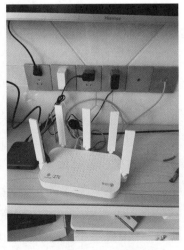

图 3-44　插座设置在易于触及处(比如在桌子上方提供插座)

使用者的可触及范围取决于其手臂的伸展幅度,以及肘关节和肩关节的运动范围。有时,使用产品所必须达到的距离可能远小于人手臂的长度。不同的身高和手臂长度以及诸如使用轮椅也会影响人可以到达的绝对位置。

与年龄有关的疾病(如关节炎)可能导致关节灵活度降低和僵硬度增加。这些限制了触及能力。手臂、锁骨断裂或受伤等暂时性伤害也会影响人能够触及的范围。环境因素,例如穿着沉重的衣服或携带物品,也可能会限制手臂活动范围(图3-45)。

图3-45 穿厚重的衣服或携带物品可能会限制手臂的活动和伸展

当两个手臂已经同时伸出使用产品时,很难再伸手处理其他问题了。如果一只手臂暂时或永久无法使用,或者用户携带其他物体(如工具、茶杯或手提包),则情况更为严重。

设计中要考虑的重要事项如下。

① 空间足够。确保手和手臂有足够的活动空间,以便能够无障碍地触及控件。

② 允许灵活使用。提供只需伸出左臂或右臂来操作产品的选择,并尽量避免要求同时伸出两臂的操作设计。

③ 考虑不同的用户身高。确保产品或服务的设计在人们可触及的高度范围内,包括轮椅使用者。

④ 避免尴尬的要求。在可能的情况下,避免要求使用者将手臂伸到头顶或后背上方,因为当手臂处于这些位置时,施力的能力将大大降低。

⑤ 参考人体工程学数据。

2. 产品的形状:使用灵活

产品的不同形状使用户能够以不同的方式抓握和操作产品。不同的用户可能会喜欢使用不同类型的抓握方式,具体取决于他们的习惯以及手的大小和能力。提供具有多种抓取方式的产品以满足各种偏好(图3-46)。

例如,手较小的人可能难以在大型物体上施加足够的抓力,而手较大的人可能很难将手指插入孔(环)中或按下小按钮。抓握和操作产品的难易程度受到手的大小的影响,如图3-47所示。

图 3-46 产品形状允许多种抓取方式

图 3-47 抓握和操作产品的难易程度受到手的大小的影响

有些产品往往需要两只手操控,一只手握住或稳定物体,而另一只手进行精确的操作。但是,人们可能会因受到暂时性或永久性损害而导致一只手或两只手的能力被削弱。在可能的情况下,设计的产品最好可以让用户单手操作。

如果用户习惯使用右手,可以考虑在右手易触及的地方放置精密控件。在确定产品的形状及其控件的位置时,也应考虑这一点。

设计中要考虑的重要事项如下。

① 提供不同的抓握方式。考虑产品的形状是否提供了各种不同类型的握柄,以满足不同用户的需求。

② 帮助用户切换抓握方式。用户可以轻松地在一个握柄和另一个握柄之间切换,以实现不同的目的,例如拿起产品,然后使用它。

③ 考虑手的大小。考虑可能与产品交互的最小和最大尺寸的手,检查产品是否适合不同尺寸的手形握持和使用。建议从人体工程学数据源获得手型数据。

④ 考虑间隙。考虑是否给手指粗大的用户预留足够的操作空间和间隙。例如，在设计手机 App 时，要确保所有按钮的可点击尺寸不小于平台标准的最低尺寸（电脑：44×44px；安卓：48×48dp，iOS：44×44pt），此外，确保不同按钮之间至少有 12px/dp/pt 的空隙。

⑤ 允许灵活使用。确保既可以用单手也可以用双手来操作产品。

3. 产品形状：适合任务

物体的形状可以与手掌的形状吻合或提供清晰的位置来放置手指，此类设计能有助于施力。例如，剪刀和蔬菜削皮器握持处形状贴合手掌和手指，使整个手都能承受和施加力，非常适合剥皮（图3-48）。夹式握把更适合于要求操作精确但力较小的任务，如图3-49所示。

图3-48 剪刀和蔬菜削皮器的形状适合施加力量在握把中

图3-49 夹式握把更适合于要求操作精确但力较小的任务

设计中要考虑的重要事项如下。

① 促进良好的抓握。根据产品的形状，设计最适合操作任务的手柄类型。

② 考虑手腕位置。可能的情况下，执行抓握任务时，使手腕处于中立且笔直的姿势。改善用户使用的舒适度，将患有关节炎等疾病之人的疼痛降到最低。

4. 产品形状：易于抓握

产品的形状会影响其握持和旋转的难易程度。人手很难握持笔直的物体，因为它容易滑出，特别是表面光滑的物体，需要施加额外的力来克服重力（图 3-50）。设计的产品应使用户不需要过度紧握，降低对力的要求，握持也更舒适、更稳定，不受汗水的影响。

记住一个普遍原则：如果在使用某产品的时候能采取推的方式，那么施力是最容易的。

该原理也可以应用于旋钮。表面光滑的旋钮转动困难，除了要施加转动旋钮所需的旋转力外，还需要施力以紧握旋钮。在转轴周围增加隆起构造可提供一些推动力并减少所需的力。通常，手柄和杠杆是产生旋转力的好方式，因为它们易于抓握并且不依靠摩擦接触（图 3-51）。

图 3-50 直边的瓶子比斜边的杯子更难握持

图 3-51 光滑旋钮和杠杆手柄

设计中要考虑的重要事项如下。

① 尽量减小握力要求。在表面轮廓上提供环、手柄或凸起,以便将所需的握力降至最低。

② 转动控制装置。考虑使用手柄或杠杆来产生旋转力。

5. 产品形状:接触面积

产品的握持力、手感和使用的舒适度,受到物体和使用者手掌之间接触面积的影响。

尽可能增大接触面积和增加接触区域表面纹理的粗糙度,可改善抓力,使用户更易抓握(图 3-52、图 3-53)。

图 3-52 增加接触面粗糙度以改善抓力

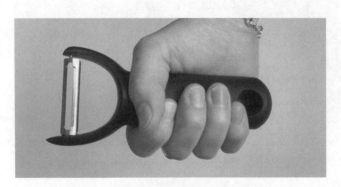

图 3-53 增大接触面积以改善抓力

为了确保安全、舒适的操作,手的压力应在整个接触区域均匀分布,并应避免与任何边缘或拐角接触。这也将帮助用户在长时间使用产品时保持稳定和安全。

设计中要考虑的重要事项如下。

① 考虑表面纹理。在接触区域上使用粗糙的表面纹理和弹性或黏弹性表面(橡胶纹理),并在可能的情况下最大限度地利用可接触区域,使用户更轻松地抓握。

② 分配压力。将压力均匀分布在整个接触区域上。

③ 避免尖锐的接触点。避免拐角或边缘与手接触。

6. 强制要求

使用产品需要施力,例如拿起物体、按开关或打开瓶子。设计者要考虑所需力量的大小以及它是否超过使用者的能力范围。

使用产品所需的力量水平根据设计的施力方式而变化。最简单的施力方法是推动,因为不需要保证握把、运动和力方向一致，此外，用户可以利用体重来帮助自己将产品推离身体，例如想推门时利用体重可以施加更大的力。如果要推动的物体表面是垂直的，则手掌必须与垂直表面平行，或者必须使用手指来传递力。两种操作都可能造成疼痛。如果产品表面的轮廓使用户的手腕处于中立位置，则用户可以更舒适地施加推力（图3-54）。

图 3-54　手腕处于中立位置更易施加推力

操作按钮和滑块往往会使用"上提"和"下压"动作，例如电水壶按钮，向下按压比向上提拉更舒适，因为如果需要手掌向上推动，则手腕必须旋转 180°（图 3-55）。按下产品侧面的按钮或从一侧到另一侧推动产品时，可能需要向左或向右推动，而向身体中心推比远离身体中心推更容易，因为手腕姿势更自然。

图 3-55　向下压比向上提更舒服

设计中要考虑的重要事项如下。
① 考虑强制要求。考虑任务是否需要过度用力，并进行相应的调整。
② 考虑启用推力。尝试设计仅需用户产生推力的产品交互。

③ 考虑提供握持辅助工具。如果需要在握持时施加力，可提供环、手柄或表面凹凸，以帮助用户最大限度地降低所需的握持强度。

④ 考虑力的方向。选择允许用户优先向下压而不是向上提的交互设计，并选择朝着身体而不是远离身体推的设计。

⑤ 考虑手腕位置。选择手腕能够处于中立位置的推力设置。

7. 精度要求

产品的按键操控通常需要精确的运动控制能力。用户必须按下正确的按钮，或者将旋钮或滑块调整到正确的位置。尽管这些任务中涉及的力量通常很小，但精度要求却很高。

关节炎、脑卒中、脑瘫和发育障碍等疾病会使用户完成操作任务变得更加困难。例如，关节炎会减少指关节的运动范围。某些情况（如帕金森病）可能会引起震颤，使精确运动变得困难。

设计中要考虑的重要事项如下。

① 考虑精度要求。考虑任务是否对精度要求过高，并进行相应的调整（图 3-56）。

图 3-56　戴上模拟手套执行精确任务时手的力量和感知能力降低

② 考虑视觉和灵巧性。避免执行既需要视觉又需要灵巧性才能精确对齐的任务，例如将连接器与连接插槽对齐，如图 3-57 所示。

③ 避免复杂的操作。对于那些身体控制能力较弱的人而言，要求在不同方向上同时运动（例如组合推动和扭转）的控制特别困难。

8. 其他任务要求

重要的是要了解其他任务要求及产品使用对用户的要求，并尝试尽可能减少这些要求，具体如下。

① 持续时间。如果要求用户长时间保持施力或抓握状态，则减轻质量极为重要。

② 重复。在键盘上打字或执行其他此类重复性的任务可能会导致重复性劳损。尽可能避免执行此类任务。

图 3-57　连接器与连接插槽对齐精度要求高

③ 防止任务失败。比如确保产品在掉落时不会损坏，将产品使用失误的后果降至最低。

④ 反馈。对施加的力的适当性给予用户及时的反馈。

9. 环境背景

摩擦力会受环境的影响从而降低用户的灵敏度。如果手出汗、潮湿或被车间或厨房环境中常见的润滑物质覆盖，则需要施加更大的力来操作控件（图 3-58）。

图 3-58　厨房环境中细粉和油等物质影响控件使用

低温也会影响手的功能。手指的柔韧性和灵敏度会随温度降低而降低。戴着绝缘手套或穿防护服也会使用户更难操作产品上的控制装置（图 3-59）。

振动、运动和手的灵活度等都会影响握力或进行精确运动的能力。

10. 能力统计

触及和灵活度能力分为惯用手和非惯用手两种情况，包括举起力量、灵活度、向前（上）伸手和向后（下）伸手四个方面。

① 举起力量要求如下（依序递增）：

- 不要求手 / 臂的力量；

图 3-59　戴绝缘手套影响控制产品

- 拿起并握住咖啡杯的把手；
- 拿起并提着一瓶葡萄酒或玻璃瓶装的牛奶；
- 拿起并提着装有 500 多毫升牛奶的塑料购物袋。

② 灵活度要求如下（依序递增）：

- 不需要做任何精确的手部动作；
- 转动炊具的控制旋钮；
- 用手指从桌面上拿起一个安全别针；
- 用笔写字。

③ 向前（上）伸手要求如下（依序递增）：

- 不需要向前或向上伸手；
- 向前伸手来握手；
- 伸手把帽子戴在头上；
- 把东西举到头顶上，持续几秒钟。

④ 向后（下）伸手要求如下（依序递增）：

- 不需要向后或向下伸手；
- 用一只手伸到膝盖的位置，如果需要，可用另一只手支撑自己；
- 用一只手伸到地面上，如果需要，可用另一只手支撑自己；
- 下蹲伸手至地面擦地板，如果有需要，可在途中用另一只手支撑自己。

根据触及和灵活度能力要求可判断产品的包容性和排斥性（图 3-60）。

图 3-60　根据触及和灵活度能力要求可判断产品的包容性和排斥性

3.4.5　机动性

机动性是指在环境中移动的能力。行动不便会影响步行、开车和保持平衡等活动。

对于平衡缺失或使用行动辅助工具（如轮椅或拐杖）的人而言，使用产品和享受服务可能会更加困难。

为了四处走动，我们需要足够的肌肉力量控制运动和平衡。机动性包括步行能力、爬楼梯能力、站立和平衡能力。

肌肉的力量随着年龄的增长而逐渐退化，而诸如关节炎、帕金森病等退化性疾病进一步限制了人们关节的活动性和肌肉控制能力。手臂有可能被用来弥补力量和平衡的损失。

许多人使用助行器。拐杖和步行架等助行器可以帮助手臂保持平衡和支撑体重。对于那些力量和活动能力有限的人来说，使用助行器可以提高步行速度和持久度。轮椅可以帮助那些能力进一步受损的人。

脚踝扭伤、膝盖受损、跌倒等，可能会导致人暂时失去活动能力。下肢截肢、固定或脑卒中可能导致人长期行动不便。虽然严格的训练和辅助设备可以帮助人逐步改善行动能力，但恢复全部功能的可能性不大。

降低使用产品或在环境中四处走动所需的肌肉力量和柔韧性，有利于包括行动不便的人在内的大部分人使用产品。

机动性影响许多产品的使用。一些产品可以在移动中使用，例如手机、相机和 MP3 播放器。而操作其他不可在移动中使用的产品则需涉及一些运动。例如，使用水壶需要将其从台面转移到水槽，这通常需要步行。

许多人需要抓住某些东西以保持平衡。比如部分人需要使用助行器，这些助行器经常占据用户的手。这种情况导致用户无法腾出手用于握持和操作产品。这些问题也存在于携带购物袋或行李、推婴儿车或牵着孩子的人中。

移动时使用产品通常比静止时使用产品困难。用户在步行和寻找路线时需要投入一些精力，而无法将视线聚焦在产品上，并且在乘坐交通工具时更难按下操作按钮。与固定使用的产品相比，移动使用的产品需要更易于使用，并且其界面必须更易于查看和操作。

对于行动不便的人来说，这些问题甚至更严重。他们需要集中更多精力在步行和保持平衡上，而影响其将注意力集中在产品上。使用产品也可能会分散他们的注意力，导致摔倒。

设计中要考虑的重要事项如下。

① 减少所有需求。减少注意力、视野、灵巧性和其他需求，以免削弱可用于与产品交互的能力。

② 减少对手的需求。考虑当单手或双手都被出行辅助工具（或携带诸如购物等物品）占用时，是否可以使用该产品。

1. 建筑环境设计

行动不便对人使用建筑环境的能力有很大影响。这里提供以下一些建议。

① 提供足够的座位。定期在公园、机场和购物中心等公共场所提供座位。这有助于行动不便、背着沉重的行李或需要休息的人。

② 提供扶手。确保用户可以抓住某些东西来辅助平衡，尤其是在爬楼梯或长时间站

立的情况（图 3-61）。

图 3-61　提供扶手辅助平衡

③ 提供楼梯的替代品。提供坡道或楼梯的其他替代品，以允许轮椅使用者和行动不便的人进入环境。这也将使自行车或带轮行李箱的使用者受益（图 3-62）。

图 3-62　提供坡道方便使用移动辅助设备的用户

④ 考虑门的设计。如自动向外打开的门可能会打到盲人或行动不便的人。

⑤ 考虑行动辅助设备。在设计门口和通道的尺寸时，考虑使用助行器、轮椅和踏板车的人。为这些用户留出足够的空间，也可能对其他用户（如带行李的用户）有利。

⑥ 谨慎使用带纹理的地砖。常见的人行道、楼梯和月台上使用带纹理的地砖，以辅助盲人或部分弱视的行人。但是，若出现其他纹理不一致的地砖可能会造成混淆。此外，带纹理的地砖也会给平衡不佳的人或使用某些助行器的人造成困难。

2. 交通设计

有关构建环境的许多建议都适用于交通设计。同样重要的是，要考虑上下车以及在站立和坐姿之间转换移动时遇到的困难。处于行驶中的车辆对人的平衡性和移动性提出了额外的要求。

设计中要考虑的重要事项如下。

① 考虑平衡。注意交通给人的平衡性和移动性带来的其他挑战。在这种情况下，提供足够的座位和平衡辅助设施就显得尤为重要。

② 考虑进出情况。提供坡道、降低门槛和扶手的高度，以帮助人上下车（图3-63）。

图 3-63　降低公共汽车门槛高度

③ 提供扶手。提供扶手，以便人们可以使用手臂来辅助在不同姿态（例如坐着和站立）转换时移动身体（图3-64）。

图 3-64　提供平衡辅助装置——扶手

④ 考虑轮椅。为轮椅提供足够的空间，以便在走廊上行驶并在交通途中安全放置。

3. 一般设计注意事项

除上述外，机动性的需求还会影响到广泛的设计领域。在所有设计中，都要注意以下问题。

① 减少站立的需要。考虑产品或服务是否需要用户站立一段时间，包括排队、自动取款机或具有较长交互的触摸屏、信息亭等任何服务。考虑是否可以减少站立，例如通

过提供一些辅助工具来保持站立，或更改产品的位置，或更改事件发生的顺序，以便减少站立次数。

② 考虑行动辅助设备。行动辅助设备会限制人们手的使用，从而减小与产品和服务进行交互的可能性，并且可能需要额外的空间。例如，坐在轮椅上的人可能很难与柜台或触摸屏、信息亭保持足够的距离，或者难以接近产品上的控件。

③ 集成辅助功能选项。确保为行动不便者提供支持，且与整体设计美观相结合（图3-65）。

图 3-65　机动性选项整合到整体设计美学中

4. 能力统计

机动性能力包括步行能力、爬楼梯能力、站立和平衡能力等三个方面。

① 步行能力要求如下（依序递增）：
- 不需要在没有帮助的情况下行走；
- 在没有帮助的情况下走 50 米，不需要停下来，如果需要的话可以使用辅助工具；
- 在没有帮助的情况下走 175 米，不需要停下来，如果需要的话可以使用辅助工具；
- 在没有帮助的情况下走 350 米，不需要停下来，如果需要的话可以使用辅助工具。

② 爬楼梯能力要求如下（依序递增）：
- 不需要在没有帮助的情况下爬台阶；
- 不需要帮助即可爬上 1 级台阶；
- 在没有帮助的情况下爬上 12 级台阶，必要时使用扶手；
- 在没有帮助的情况下爬上 12 个台阶，也不使用扶手。

③ 站立和平衡能力要求如下（依序递增）：
- 不需要扶着任何东西就能站立；
- 暂时站立，不需要扶着任何东西；
- 站立 1 分钟，不需要扶着任何东西；
- 站立 10 分钟，不需要扶着任何东西。

根据机动性能力要求可判断产品的包容性和排斥性（图3-66）。

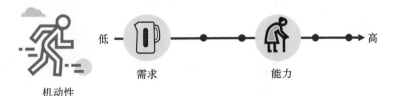

图3-66　根据机动性能力要求可判断产品的包容性和排斥性

思考和练习题

1. 创建用户画像谱系，对至少一种能力有永久性限制的人进行采访。问问他们喜欢做什么，他们是怎么做的。记录他们遇到问题或受限的经历。说明类似的限制如何扩展到临时和特定场景。

2. 选择一个特定的人，记录：他每天和谁交往？他们依靠谁？信任谁？享受这种生活方式吗？画一张这个人的角色网络图，以及他与3～5个人的主要互动，包括通常发生的不同类型的互动，比如制定晚餐计划或去工作。列出这个人与其环境之间的不匹配之处。

3. 互动日记。选择一个你可以观察人们相互交流的地方，写出或画出人与物体之间发生的交互。反思你的观察结果，进一步探索人与人之间以及人与产品之间互动不匹配的原因。

第 4 章 包容性设计流程

[学习目的与要求]

本章介绍了包容性设计开发的流程,并且对每一个步骤进行详细讲解。要求学生掌握完整的包容性设计开发程序。

成功的包容性设计需要在概念阶段做出明智的决策,否则后期的更改可能会付出更高的成本和更大的代价。本章将详细介绍英国剑桥大学工程设计中心开发的包容性设计流程图。

4.1 流程概述

包容性设计分为管理、探索、创造和评估四个主要阶段(图 4-1)。

图 4-1 包容性设计四个阶段简图(来源:剑桥大学工程设计中心)

① 管理:审查证据以决定"下一步我们该做什么?"
② 探索:确定"有什么需求?"
③ 创造:提出想法以解决"如何满足需求?"
④ 评估:判断并测试设计概念,以确定"满足需求的程度如何?"

这四个阶段可以理解为"2W+2H",即在项目管理的指导下,设计的基本问题通过探索需求、创建概念和评估测试的连续周期性迭代来解决。

"探索""创造"和"评估"阶段的连续循环可帮助设计者对用户需求产生更清晰的理解，从而更好地满足这些需求，并提供更强有力的证据证明设计的合理性。"管理"阶段指导流程，使其保持在正轨上。

需要强调的是，在早期迭代中就包含了评估阶段，设计初期使用粗略原型进行快速测试，以便设计者在设计过程中能经常地测试创意和想法，从而进行有意义的更改和调整。

4.2 关键活动

每个阶段都包含几个活动。关键活动图提供了每个阶段涉及的关键活动以及完整过程（图4-2），为完成这些活动提供了一个基本的概念，并提供了满足用户和业务需求的潜在证据。

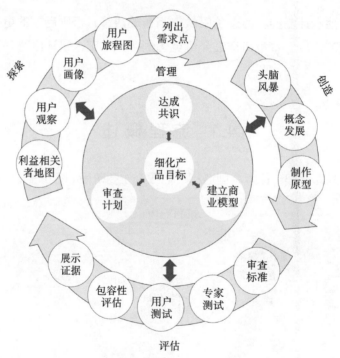

图4-2 包容性设计关键活动图（来源：剑桥大学工程设计中心）

4.2.1 管理——我们该怎么做？

项目管理对于使项目按计划进行并保持预算平衡至关重要。它可以确定需要开展哪些进一步的工作以及何时进行下一阶段工作。为了有效地做到这一点，该阶段重要的是审查计划并完善目标，确保项目合作伙伴之间的良好沟通。管理阶段主要包括以下四个关键活动。

1. 审查计划

包容性概念生成的起点是查看当前的状态并计划下一步。思考以下问题有助于此活动开展:

① 我们有什么?
② 我们缺少什么?
③ 有哪些可用资源?
④ 截止日期是什么时候?
⑤ 有什么风险?
⑥ 接下来我们该怎么办?

在整个项目过程中,应继续进行审查和规划,监测以下方面:

① 探索阶段,理解利益相关者的需求;
② 创造阶段,产生满足这些需求的概念性解决方案;
③ 评估阶段,提供解决方案满足这些需求的证据。

2. 细化产品目标

产品目标需说明产品能从市场相关产品中脱颖而出的原因。确定和细化产品目标是包容性概念生成过程的基础,因为它为所有后续活动提供了重点和方向。以下三个问题可帮助开展此活动:

① 我们要解决什么问题?
② 有什么大问题?
③ 拟议的解决方案是什么?为什么此设计与众不同?

将问题陈述和解决方案摘要精简至一到两个句子,这有助于了解产品能真正实现的需求。这些陈述应在项目开始时进行,并在整个概念开发过程中不断更新和完善。

当后期开发陷入细节问题,难以找到前进的方向时,通常可以参考或重新梳理产品目标来解决这些困难。

在将领先的概念推向市场时,应使用明确的产品目标说明,以防止之后的设计决策摇摆不定。

3. 建立商业模型

商业模型展示了产品的盈利潜力。市场的成功要求产品以合适的价格和利润率交付。产品的商业可行性需要与品牌相匹配,并考虑技术可行性、可制造性、与竞争对手的差异化等。

为了建立商业模型,确定影响盈利能力的因素非常重要,例如:

① 降低无故障保修退货成本;
② 提高品牌忠诚度;
③ 扩大目标市场范围。

4. 达成共识

确保所有项目合作伙伴达成共识,该内容包括:

① 对产品目标的共同愿景；
② 与商定的计划保持一致；
③ 常用术语。

解决常用术语的问题，重要的是要找出并解决由于利益相关者背景的不同而发生的沟通困难。

首字母缩略词和行话比较精确，但可能无法理解，例如"UI""GUI""WIMP""B2B""O2O""UCD"等（UI 指 user interface，用户界面；GUI 指 graphical user interface，图形用户界面；WIMP 指 window/icon/menu/pointing device，窗口、图标、菜单、指点设备；B2B 指 business to business，商务对商务平台模式；O2O 指 online to offline，线上对线下的平台模式；UCD 指 user centered design，以用户为中心的设计）。如果无共识则很容易产生误解，影响项目进程。术语表可以为这些问题提供简单且有价值的解决方案。

此外，在"管理"阶段要牢记的关键原则包括：

① 不断重复，不断完善。评估过程应该使人们对"什么是重要的"以及对用户、企业、更广泛的社会和环境有一个更清晰的理解。连续的探索、创造和评估的循环有助于完善解决方案，并最终形成一个主导概念。

② 计划要灵活。确保计划能够灵活应对在设计过程中可能出现的"游戏规则改变者"。

4.2.2 探索——有什么需求？

探索阶段是为了更深入地了解产品需要达到的标准。这对于确保产品满足真实的需求是很重要的。

这个阶段包括了解所有利益相关者的需求。利益相关者除了终端用户外，也包括所有能从产品中获得收益或失去利益的人。以下活动可以帮助设计团队达成这种理解：

- 创建一个与产品有关的利益相关者地图；
- 观察用户，了解他们真正想要什么和需要什么；
- 生成用户画像，总结关键用户的情况；
- 使用用户旅程图来描述产品是如何被使用的；
- 列出设计方案应该满足的所有需求的清单。

1. 利益相关者地图

利益相关者是一个关键的角色，他们将从产品中获得收益或失去利益。错漏任何一个利益相关者的需求都可能导致产品出现问题。利益相关者地图有助于识别所有不同的利益相关者，并了解他们之间的关系。利益相关者会对产品的开发、销售和使用都产生影响。利益相关者地图（图 4-3）的目的是显示所有对产品取得成功有贡献的关键人物。这有助于以后确定产品应满足的所有需求，特别是确保用户需求和商业需求都被考虑到。

2. 用户观察

用户观察是为了了解人们真正想要什么，他们真正需要什么以及他们真正做什么。

图 4-3　用便利贴构建利益相关者地图

观察实际行为至关重要，因为人们经常难以清晰地描述其真实的需求，他们可能对自己的习惯和做法认识不足，或根据观察者的提问来调整他们所说的话，或者无法想象当前情况的所有可能需求等。

关注用户实际需求可帮助设计团队更有针对性地设计产品的功能，以免产品功能过载。

用户观察有助于其他探索活动的开展，以及完善产品目标。同时应该采用一些其他方法来补充用户需求，例如访谈、问卷、日记方法和焦点小组访谈法等。人体测量学、人体工程学和能力统计数据还可以补充用户观察资料，以深入了解用户的多样性。

浴室地漏排水盖改良设计的用户观察如图 4-4 所示。

3. 用户画像

用户画像是对关键利益相关者的角色描述，通常附有照片。它帮助设计团队更为直观深入地理解利益相关者（如用户），具体如下：

观察用户 Observe users	
为什么要进行这些观察？ -你想了解什么？ -这项研究计划如何帮助你了解这一点？ Why were these observations performed? -What did you want to learn? -How was the study planned to help you learn this?	为了更好地发现用户在使用产品中产生的问题，从而改进产品 -学习通过包容性设计的设计流程，站在不同用户的角度去思考问题 -通过模拟实验，切实地感受特殊人群的生活痛点
观察的是谁？ -该样本是否代表该产品的目标市场？ -观察了多少用户？ -跨时间和地点是否存在适当的差异？ -如何获得同意？ -参与者对这项研究有什么了解？ Who was observed? -Was the sample representative of the target market for the product? -How many users were observed? -Was there an appropriate spread across times and locations? -How was consent obtained? -What were the participants told about the study?	独臂的残疾人、盲人、老年人 -可以代表，并适用于所有用户 -观察了5个正常用户，其中包括了2个老年人；模拟了3个残疾人（由于疫情的原因，没能大面积地调查） -随机时间，地点在家里 -向观察者说明观察的目的； -家家都会使用，非常熟悉，并有问题存在

图 4-4　浴室地漏排水盖改良设计的用户观察

（设计者：席雨辰；指导老师：季茜）

观察用户 Observe users	
如何进行用户观察？ —观察在哪里进行？ —什么触发了每个用户观察的开始和结束？ —记录了哪些数据？如何记录数据？ —谁进行了用户观察？ —数据是转录还是编码？ How were the user observations performed? —Where were the observations performed? —What triggered the start and end of each user observation? —What data was recorded?How was the data recorded? —Who performed the user observations? —Was the data transcribed or coded?	通过观察用户的使用过程和模拟用户的使用过程，发现痛点并记录 —在家里的浴室 —由于地漏堵塞，开始清理直到清理结束 —记录了使用过程以及使用过程中的痛点 —自己 —自行记录
什么时候进行用户观察？ When did the user observations take place?	使用浴室的时候

续图 4-4

① 帮助项目组与用户和其他利益相关者产生共鸣；
② 使团队专注于用户及其需求，而不是试图加入尽可能多的功能；
③ 通过提供多位涵盖一系列用户和环境因素的角色来总结用户的多样性；
④ 鼓励团队思考"角色"的回应，以协助评估概念和想法。

用户画像应该代表更大的用户群体。如果他们是为了代表不同的细分市场而创建的，那么他们就与企业特别相关。

基于外卖软件的通用性设计的用户画像，如图 4-5 所示。

Building a role model for visually impaired users
构建视障用户画像

图 4-5　基于外卖软件的通用性设计的用户画像
（设计者：王海容；指导老师：季茜）

4. 用户旅程图

用户旅程图是对用户与产品互动的逐步描述，也包括了用户在使用产品之前和之后所做的事情，它提供了一些使用的背景。用户旅程图应该考虑到购买、初次使用、获得支持和处理产品直至产品生命结束等场景。

用户旅程图有助于设计团队理解用户体验，并有助于确保需求清单的完整性。

用户旅程图应该由"用户观察"构建。旅程可以通过记录用户的每个动作来描述，并通过添加照片来进一步增强。

当指定一个特定的用户旅程时，记录任何假设都是很重要的。这包括对产品、用户、目标、位置以及任何会影响用户旅程初始状态的假设。

用户旅程图示例如图 4-6 至图 4-10 所示。

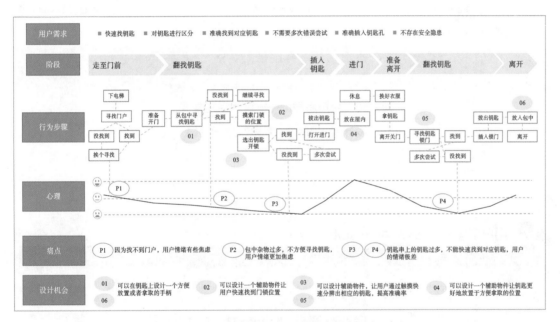

图 4-6 用户旅程图——视觉障碍者开门过程

（设计者: 赵一鸣; 指导老师: 季茜）

第一步：垃圾袋装太满容易外泄，单手不方便打结
第二步：垃圾袋单手搓需要较长时间
第三步：将垃圾袋放入桶中，单手不方便固定新的垃圾袋
第四步：将垃圾袋完全覆盖住桶口
第五步：伸手撑开垃圾袋底部
第六步：完成垃圾袋装套

图 4-7 用户旅程图——单手使用垃圾袋

（设计者: 陈琛; 指导老师: 季茜）

社会包容性设计

用户旅程图

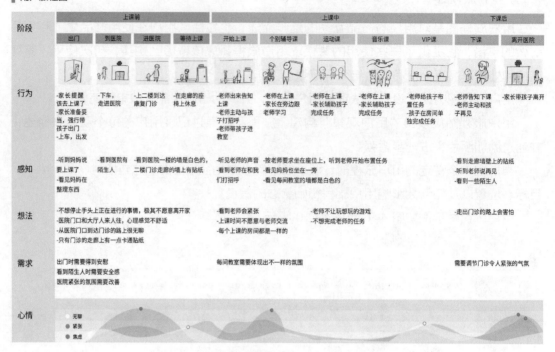

图 4-8　用户旅程图——自闭症儿童课堂

（设计者：孙晨悦；指导老师：季茜）

图 4-9　用户旅程图——洗浴辅助产品设计

（设计者：张笑雪；指导老师：季茜）

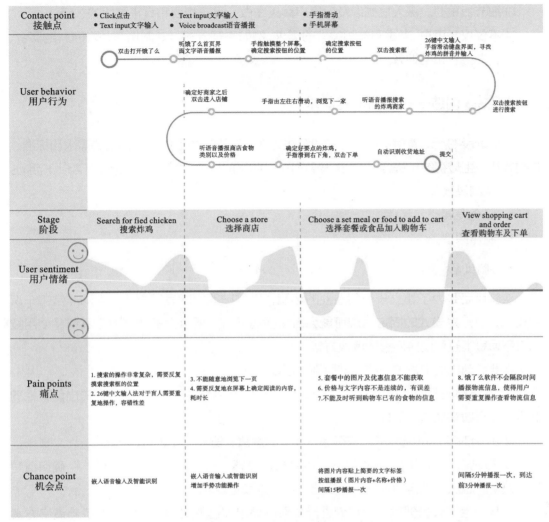

图 4-10　用户旅程图——视障人士利用软件购买炸鸡的过程

（设计者：王海容；指导老师：季茜）

5. 列出需求点

列出需求点是指设计方案应该满足用户和商业需求的一个全面的、分类的清单。每一个需求都可以用一个声明的形式记录下来：

作为……（插入角色描述）……（我需要）……（插入需要描述）……，以便……（插入原因）……

列出需求点的目的是：

① 提供设计项目的需求与用户需求之间的联系；

② 根据需求所带来的结果，对需求进行优先排序。

总之，在"探索"阶段要遵守的关键原则包括：

① 与众不同是正常的。想要得到不同的结果并以不同的方式做事是正常的。理解客户的多样性。了解残疾人群体只是了解用户多样性的一部分。

② 要考虑整个用户旅程。满足用户目标需要针对其在现实环境中发生的具体事件，凝结成用户旅程图。

③ 细节很重要。深入挖掘以发现用户真正在做、真正想要和真正需要的东西。

④ 不仅仅是用户。考虑利益相关者的需求，例如监管者、股东、制造商、零售商、购买者、安装者、支持者和维护者。

4.2.3　创造——如何满足需求？

创造阶段的活动着重于提出可能的解决方案，以满足探索阶段所确定的需求和标准。其内容从产生最初的想法，到将想法发展为可以测试的原型，涉及范围广泛，包含以下活动：

- 头脑风暴；
- 概念发展；
- 制作原型。

1. 头脑风暴

头脑风暴是为了建立一个创造性的环境，以打破既定的思维方式。人脑非常善于识别模式，但是对模式的固定思维可能会阻碍横向思考。所以大多数创意工具都是使用技术来帮助思维过程脱离原有的解决方案。

在此活动中要记住的一些关键原则包括以下几点：

① 不要拘泥于旧的思维方式，尝试列出清单，然后对事情的完成方式提出创新性的假设，以帮助实现这一目标。

② 开始时要尽可能尝试，获得尽可能多的想法，避免过早地做出判断。

③ 鼓励奇怪的想法，在不寻常的地方寻找灵感，然后问"还能怎么做？"确保清楚地记录所有想法，以帮助进行下一步的讨论，以及选择和发展这些想法。

一旦产生了大量创意，对它们进行分组以提出关键的主题，可能会对找到最终方案有所帮助。初步确定想法的优先次序也是有用的，例如由利益相关者进行匿名投票来确定想法的优先次序。评估活动也可以在这个阶段进行，以激发更多的创造力。

头脑风暴示例如图4-11、图4-12所示。

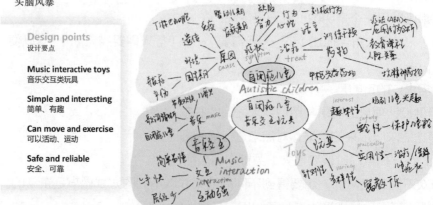

图4-11　针对自闭症儿童的音乐交互类玩具创意1

（设计者：丁子洁、李思依；指导老师：季茜、Nick Bryan-Kinns）

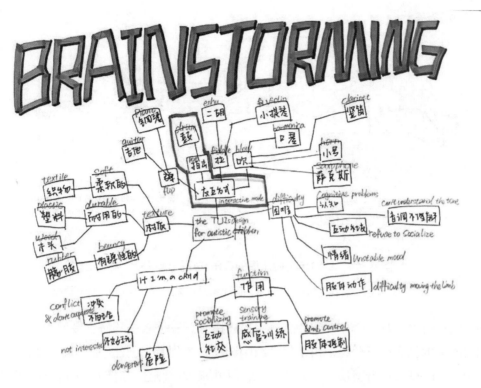

图 4-12　针对自闭症儿童的音乐交互类玩具创意 2

（设计者：林雨繁、闫宇璇、王静文；指导老师：季茜、Nick Bryan—Kinns）

2. 概念发展

概念发展是将不同的想法结合在一起，形成完整的解决方案的过程，该解决方案可以满足在设计周期的"探索"阶段中确定的所有用户的产品需求。

尽管与制作原型密切相关，但是概念发展的主要目的是将不同的想法进行组合，而制作原型的主要目的是测试、完善和交流。概念发展示例如图 4-13、图 4-14 所示。

概念发展：

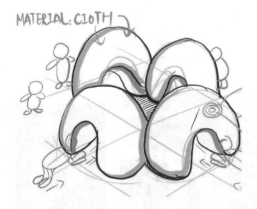

想法：外形像一个个"蘑菇屋"，孩子们可以在其间穿行，探索和挖掘里面的一些按钮，聆听大自然、动物和乐器的声音。

这个空间可以自由组合，让孩子去找寻其中的奥秘，只能容纳孩子进入，具有一定安全感。

图 4-13　针对自闭症儿童的音乐交互类玩具概念发展 1

（设计者：丁子洁、李思依；指导老师：季茜、Nick Bryan—Kinns）

概念发展：

说明：设计者采用更贴近自然的蘑菇形状，减轻孩子们的压力和焦虑，还采用不同的颜色来吸引孩子们的注意力。

图 4-14　针对自闭症儿童的音乐交互类玩具概念发展 2

（设计者：林雨繁、闫宇璇、王静文；指导老师：季茜、Nick Bryan-Kinns）

可以根据将创意组合在一起的想法来描述概念。一个系统的概念发展方法首先需要对相关的基本创意进行分组，再从每个组中选择一个创意来创建一组初始概念，然后对每组中不同的创意进行替换、合并或消除，以此来改进概念。对创意进行分组还有另一个好处，那就是找出产生想法不多的领域，这有助于激发更多的创意。

3. 制作原型

制作原型是指制作实体或虚拟的模型来演示概念和创意。原型有各种不同的作用，比如向客户、用户或设计团队的其他人展示产品的潜在外观。原型也可以通过模拟交互对创意进行评估和完善。原型还可以用来证明技术上的可行性或探索新的制作生产方式。制作原型示例如图 4-15、图 4-16 所示。

Make prototypes　制作原型	
Who made the prototypes? 原型是谁制作的？	原型是设计者自己制作的
Why were the prototypes made? 为什么要制作原型？	为了验证自己的设计是否可行 为了让更多的人理解我的设计并进行评价
What materials were used? 使用了什么材料？	硬纸板、锁心、胶水
When did making prototypes take place? 什么时候制作原型的？	4月18日

图 4-15　包容性设计——钥匙和门锁改良

（设计者：赵一鸣；指导老师：季茜）

图 4-16　自闭症儿童玩具设计

（设计者: 高璇; 指导老师: 季茜、Nick Bryan-Kinns）

不同种类的原型有不同的作用。例如，草图或硬纸板原型可能足以用来展示外观和传达感觉，但不足以证明技术的可行性。通常情况下，需要多个不同的原型来实现不同的目的。

原型包括草图，以及用纸、纸板、泡沫和计算机软件建造的模型。可以使用多种方法的组合以及材料来模拟原型交互的完整过程。

原型通常被认为是昂贵的、高保真度的成品。然而，在所有重要的决定被敲定之前，可以使用粗略的原型进行快速测试来获得重要的反馈。它们可以帮助设计团队发现关键的问题，并且在某些情况下，可以帮助确定是否继续或是停止项目。

总之，在"创造"阶段要遵守的关键原则包括：

①力求简单。简单是强大的，但却难以捉摸。要做到"简单"则需要对产品的内容有一个清晰而简洁的认识。

②挑战假设。我们要避免陷入这样的思维定式：认为完成事情的方式是唯一可行的方式。

③让想法呼吸。给古怪的点子以机会，使之成为好的创意。

4.2.4　评估——满足需求的程度如何？

此阶段为设计周期活动中的"评估"阶段。该阶段的活动可以帮助设计者评估在"创造"阶段产生的概念。设计者在考虑到所有利益相关者和目标用户需求的情况下，检查产品的满意程度。

评估阶段是检查概念以确定它们满足需求的程度。这对于确保产品实际满足需求至关重要。没有评估，团队在选择时就会存在风险，有可能只选择了团队人员喜欢的外观和适合他们的概念，但并不适合更广泛的目标人群。

为了有效地评估这些概念，重要的是要先确定用于判断概念的标准。然后，与专家和用户一起将这些标准用于测试概念。评估阶段涉及以下活动。

1. 审查标准

判断产品是否成功的标准很重要。这些标准应该基于设计周期的"探索"阶段中确定的需求来制定。

该标准通常涵盖与人、盈利和环境有关的问题。人的问题包括：用户体验、拥有成本和社会影响。盈利问题包括：成本和收益、技术风险和商业风险。环境问题包括：稀缺资源的枯竭、能源利用和废弃物的影响（自然资源）（图4-17）。

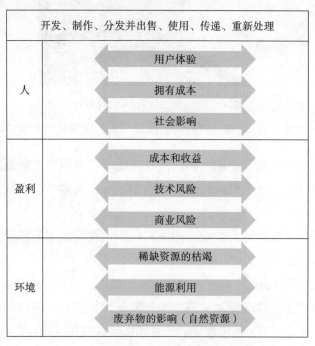

图4-17 绩效指标框架

这些标准与任何项目都有一定的相关性，但是它们的相对重要性可能有所不同。在设计周期的"评估"阶段，重要的是要审查这些标准，并讨论哪些是最重要的：如破坏交易的因素或独特的卖点等。

在此基础上，计划如何测试这些标准也很重要。首先要选择一个基准来测试。因为判断某样东西比其他东西"更好"还是"更差"要比客观评估某样东西是"好"还是"坏"要容易得多。基准可以是一个现有的产品或完成类似任务的现有方法。

计划如何衡量各种标准也很重要。例如，在用户测试中，用户体验可以通过花费的时间、错误率和满意度来测量。在早期对创意和概念进行优先排序时，标准也可以单独用于快速和初步评估。

2. 专家测试

在此活动中，一系列相关专家利用他们的技能和知识，根据商定的标准系统地判断和测试概念。之所以需要专家的判断，是因为可能很难准确测试出初始概念在不同标准下的最终表现情况。专家测试示例如图4-18所示。

图 4-18　在自闭症中心与专家进行原型测试（学生：谢季钊）

同时还需要一个由不同学科成员组成的团队，以便根据各种不同的标准进行判断。这可以确保整套标准得到适当的体现和优先处理。

在"探索"阶段产生的对用户旅程图的初始描述，可以扩展成一个全面的任务分析，以便为专家评估提供一定框架。此任务分析应该涵盖产品使用的所有方面，包括购买、安装、使用、维护和处置。对于每个任务步骤，应根据相关标准对概念的性能进行评估。从"探索"阶段获得的对用户的理解有助于从不同的用户角度评估概念。

全面的任务分析和从专家评估中获得的见解应被用来确定后续评估活动的范围。

3. 用户测试

用户测试是评估用户是否能够理解产品概念和使用原型，以及他们喜欢使用这些产品的程度。用户测试的结果有助于确定使用产品时遇到挫折和困难的原因，从而解决这些问题。早期的用户测试至关重要，因为设计人员和专家们很难准确地想象用户与产品交互的细节。

用户测试可以在不同层次的形式和细节上进行。在项目的早期，用户测试通常是非正式的和非定性的，可提供有关概念和想法的初步反馈。其后，可以将用户测试与更客观的措施一起使用，比如时间表和正式的调查问卷等，以确保产品符合标准和规范。

在"探索"阶段形成的对用户和利益相关者的理解，有助于选择参加用户测试的人员。作为"专家测试"的一部分而产生的任务分析有助于确定用户应该执行的任务。用户测试示例如图 4-19 所示。

4. 包容性评估

包容性评估是指根据产品对用户感觉、运动和认知能力的要求，估计一下被排斥在使用该产品的人群之外的人。根据用户的能力，例如视觉、听觉、思维、触及和灵活度以及机动性，可以确定哪些人将被排斥在使用产品或原型的人群之外。这有助于评估各种用户对产品的可使用性。

为此，完成使用产品所涉及的任务步骤是有帮助的。对于每一个步骤，评估者都要检查该步骤对各种用户能力的要求。减少这些能力需求（同时实现相同的特征或功能）

应该会设计出更令人满意的产品,该产品可以被更多的人使用。

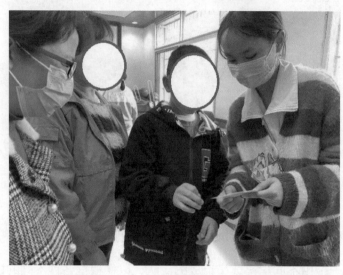

图 4-19　在自闭症中心与用户一起测试评估产品概念和原型(学生:高梓昆)

包容性评估不应单独使用,而应在设计周期"评估"阶段进行其他活动时加以补充。特别是用户测试环节,它可帮助评估者了解如何对每个任务的需求水平进行评分。

5. 展示证据

这项活动将评估活动中产生的所有证据集中起来,进行总结和交流。为了系统地完成这项工作,回顾在"审查标准"中商定的评价标准,并记录在每个关键领域获得的证据,比如用户体验、社会影响以及成本和收益。这样做可以排查出某些证据缺失的领域,并有助于确定是否需要补充更多的评估。展示证据示例如图 4-20 所示。

图 4-20　收集、总结和交流评估活动中产生的所有证据

(指导老师: Nick Bryan-Kinns、季茜)

然后，可以将每个领域的证据与标准进行比较，客观地选择主导概念，在下一个概念设计周期中重点关注。

总之，在"评估"阶段要遵守的关键原则包括：

①尽早测试，经常测试。在评估过程的早期，用粗略的原型进行快速测试，不断完善设计原型。

②证明。用证据补充意见；从不同的角度考虑问题；要有创造力，也要有批判性。

思考和练习题

了解包容性设计开发的流程，并选择一个小课题展开实践工作，记录下每一个步骤及中间出现的相关问题，最后按照包容性设计流程的要求提交模型及开发过程报告。

第 5 章 包容性设计方法

[学习目的与要求]

本章讲述了包容性设计开发的 20 种方法。要求学生掌握并在设计开展中熟练应用包容性设计方法。

本章将介绍 20 种包容性设计开发方法，并分别从是什么、最适合、设计师反馈和应用案例这四个方面进行说明，以帮助设计者在设计过程中与人们互动，获得一手信息。

5.1 生活中的一天

1. 是什么

设计者根据主题，观察和记录用户一天的典型事件，以创造一个实际发生的真实印象，为了获得一个普遍的观点，可能需要重复观察几天的时间。接着绘制"生活中的一天"，以图示的方式说明用户各种活动的时间分配。

2. 最适合

在设计的早期阶段和验证设计概念的过程中使用该方法，观察实际活动和行为，验证所选设计解决方案是否足够完善，是为了满足所理解的要求以及在使用中可能引发的任何意外变化。

3. 设计师反馈

菲利普·克恩亚："……需要投入专注和耐力，但它是一种有效的工具，可以在一整天中向真实的人提供真实的见解……"

4. 应用案例

在"重新设计救护车"项目（海伦·哈姆林设计中心）中，设计师与救护人员和护理人员一起轮班 12 小时，该方法使设计师能够观察到预期和意外的事件，帮助他们了解该研究项目所面临的挑战。

在"互联汽车：可持续的包容性出行"项目（海伦·哈姆林设计中心）中，设计师采访了 15 位年龄在 24～82 岁的用户，并观察了他们一天的日常生活，收集了用户的机动性要求和他们对电动汽车的态度等一手资料。

5.2 设计探针

1. 是什么

设计者准备一个研究工具包提供给用户，用户以独立于设计者的方式，自主记录他们生活中的各个方面。设计探针可能包括日记、问题卡、明信片、一次性相机或其他用于绘制角色网络图的绘图工具。设计探针可以针对特定用户进行个性化设置，该特定用户被赋予要执行的任务，或者可以将相同探针提供给不同的特定用户。可以将探针放置在环境中，以便更广泛地从该空间的用户那里收集信息。设计探针也称为文化探针或用户日记。

2. 最适合

① 设计过程的早期探索和关注阶段。
② 需要保密的用户敏感领域。
③ 设计师能够通过访谈或观察来访问他们无法访问的研究领域。
④ 帮助设定早期设计方向。

3. 设计师反馈

比尔·盖弗："……这些探针成功地为我们提供了丰富的资料，并引发了与老年人的激烈对话。我们相信这是因为我们为老年人亲自设计了每个站点……"

4. 应用案例

在"捕捉它"项目（海伦·哈姆林设计中心）中，为了更多地了解老年员工的需求，设计师哈里特·哈里斯和苏西·温斯坦利在伦敦和日本等国家的员工办公室里放置了一系列设计探针工具，其中包括人们可以用来书写的茶杯等。

在"灵活的员工／流动的工作环境"项目（海伦·哈姆林设计中心）中，设计师伊恩·约翰斯顿向 25 名"知识工作者"提供了设计探针工具，其中包括一个日志本和一台相机，并要求他们通过书面观察、摄影以及收集物品和纪念品来记录他们 7 天的工作生活。

5.3 移情工具

1. 是什么

设计人员使用模拟设备来获得对特定残疾人群的第一手见解，例如使用浑浊的眼镜来模拟视力丧失，或者使用加重的手套来降低灵活度。使用此类设备的体验可以促使人们对残疾人产生同情心，并更好地理解不适当的设计导致残疾人被排斥的原因。客户和设计师都可以从此类工具中受益。这种方法是对真正理解弱势群体境况的补充，也称为角色扮演。

2. 最适合

① 设计过程的早期阶段。
② 测试与能力范围相关的初始概念。
③ 深入了解用户体验。

3. 设计师反馈

福特汽车全球产品开发集团副总裁理查德·佩里·琼斯："……成年和老年驾驶员在驾车人士中所占的比例越来越大。因此，我们相信通过'第三时代'诉讼，我们可以在了解大型人口群体的需求方面有优势……"

4. 应用案例

在"安全而感性"项目中，设计师玛丽·瓦格斯塔夫使用了一系列移情工具，包括护目镜和手套，向欧洲淋浴制造商汉斯格雅的高级管理人员讲解有视力障碍和灵活性问题的老年人如何与他们的产品互动。

福特汽车公司在产品的开发过程中，年轻设计师们穿着特制服装，以便更好地了解老年驾驶员的需求，从而设计出更容易使用的交通工具。

5.4 焦点小组

1. 是什么

焦点小组是一个阶段性的面对面讨论小组，通常由 6～12 人参与，由公正的主持人主持。焦点小组的目的是针对特定问题或设计想法，收集有针对性的反馈，从而为设计人员提供用户反应的第一手信息。因为小组动态起着关键性作用，所以选择焦点小组参与者至关重要。另外，焦点小组应与其他方法相结合，比如访谈法，使每个参与者都有机会做出贡献。

2. 最适合

① 设计过程的中后期，以验证和评估的形式开展工作。
② 定义问题，增强设计师的理解力并促进想法的产生，而不需要与参与者达成共识。

3. 设计师反馈

设计人类学家安妮·比查德："……组织焦点小组需要大量的时间和精力，对于包容性设计过程，它可以为设计研究人员提供全新的见解，并加强参与者对包容性设计的了解，从而实现双赢……"

4. 应用案例

在"一拍即合：一次性医疗设备的包装指南"项目中，设计师莎拉·戈特利布与英国国家医疗服务体系（national health service，NHS）工作人员进行了焦点小组讨论，以获得关于医疗包装可用性问题的反馈。

在"另一种观点：与弱视群体一起开发智能电话"项目中，设计者优素福·穆罕默德将焦点小组分为两组，即有视力障碍的青少年组和65岁以上的老人组，以便更好地了解他们在智能电话技术使用方面的问题。

5.5 沉浸式工作坊

1. 是什么

沉浸式工作坊是可以复制并加快典型设计开发过程前端阶段的工作坊，组织者可以根据设计介绍和选择参与者来定制具体的目标。参与者可以包括设计师以及来自其他学科的专家，如工程师和以工作坊为研究主题的专家，以及终端用户。该研究方法具体可以采取公共设计挑战、学术教学模块或内部工作坊的形式。

2. 最适合

① 设计过程的早期到中期。
② 快速揭示、演示和分析问题，快速完成知识生成和知识转移。
③ 新设计概念的集思广益和可视化。
④ 帮助设计师走出他们的舒适区，使他们能够设想自己可能尚未意识到的问题和场景。

3. 设计师反馈

工厂设计部阿德里安·贝里："……时间尺度、研究和团队合作的结合，是产生真正创新思维的一种美妙而富有挑战性的方式……"

思科·克莱夫·格林尼耶："……这是设计思维中的一个完美的例子，能够建立新的知识，将设计师置于陌生环境中，并迫使他们了解自己能力的极限，创造出强大的创新力量……"

4. 应用案例

在"多学科研讨会"活动中，为期三天的多学科沉浸式工作坊，促使设计师们寻求帮助类风湿性关节炎患者的创新方案。

在"原型生成"活动中，设计者在萨拉热窝举行为期五天的沉浸式工作坊，四位设计师与当地的听障人士研讨合作，共同创造可以制造的新产品。

5.6 干预和激发

1. 是什么

设计人员将 2D 可视图形或 3D 原型放置在环境中，以此激发用户的讨论并引起响应。这些设计要素在研究过程中以干预或激发的形式，唤起人们的想象力，并鼓励人们以更正式的、访谈和问卷调查无法实现的方式做出更充分的回应。干预措施可以包括表达新想法的未来主义原型，激发可以包括令人震惊的图像或序列。

2. 最适合

① 设计过程的早期阶段。
② 探索较为敏感的主题，例如洗澡或护理等。
③ 测试设计概念。

3. 设计师反馈

马修·哈里森："干预和激发为被调查者提供了一个超出其经验范围的想象机会。它们可以用来推断被调查者对设计师的思维方式所做出的明智和没想到的反应……"

4. 应用案例

在"充满激情的工作场所"项目中，干预措施是该研究的核心部分，其目的是研究如何为老龄化的劳动者设计一个更好的工作场所。其中包括声学、照明和建筑干预措施，可以测试实际办公室中用户的反应。

在"数字排斥"项目中，设计师马修·哈里森和慈安·普拉姆发现很难让老年人参与有关互联网的讨论，这是一个很多老年人都不熟悉的主题。因此，他们开发了六个设计用于激发讨论，其中包括以数字方式显示信用卡/借记卡余额的储蓄罐。

5.7 访 谈 法

1. 是什么

访谈法是用来了解人们的最常见和最有力的方法之一。它可以被看作是设计师使用的许多其他方法的基础。访谈的主要形式是面对面和一对一。访谈可以围绕一组结构化的问题进行，也可以通过半结构化的问题以更开放的形式进行，还可以是非结构化的。对于许多设计师而言，访谈可能会产生共鸣，他们认为问题和答案的交流在科学上不被视为中立或客观的，而是一个合作的过程。

2. 最适合

① 设计过程的早期到中期。
② 寻找特定问题的答案并获得对特定任务、活动或旅程的详细见解（结构化访谈）。

③ 寻找愿望、情绪反应和其他隐性/非言语信息（半结构化和非结构化访谈）。

3. 设计师反馈

格雷戈尔·蒂姆林："访谈通常会让人们对设计问题有更深的理解，人们必须意识到如何构造问题，以免导致不客观的回答——设计访谈时必须格外谨慎……"

4. 应用案例

在"下一代游戏：让 Wi-Fi 设备更具包容性"项目中，设计者玛雅·凯奇曼分别对家庭成员进行了采访，以了解他们对改善代际沟通的想法发生了什么变化。

在"沉浸在沐浴中"项目中，设计者托梅克·雷加里克采访了不同年龄、性别、种族、个人情况和家庭结构的 11 个人，为采用理想标准的项目提供了一种新的适合不同年龄的浴室设计方案。

5.8　横向思考法

1. 是什么

设计师和用户参与一系列可共享的心理活动，以激发新的想法。该方法的一个可取之处是列出特定过程中的动作序列，然后通过删除、颠倒或扭曲其中的一些动作来激发横向思考。生成的概念可由设计师或用户以草绘或编写的形式记录下来。

2. 最适合

① 设计过程的早期阶段。
② 产生广泛的概念以进一步发展。
③ 与用户建立同理心。
④ 如果思维停滞不前，可以用新的方式解决问题。

3. 设计师反馈

乔纳森·韦斯特："这些技巧对于激发新想法非常有用。当你让用户关注它们时，还可以深入了解用户对问题的看法……"

4. 应用案例

在"盒子外面"项目中，设计者克拉拉·加吉罗和阿德里安·韦斯特韦面临着让老人谈论技术的挑战，他们要求参与者用香蕉和贴纸来制作理想的移动电话，以产生对这类设备的横向思考。

在"重新设计康复车"项目中，设计师乔纳森·韦斯特和莎莉·霍尔斯与临床医院工作人员一起使用了横向思考法，为新型康复车的设计产生了一系列概念。

5.9 观察与跟随法

1. 是什么

设计师会在一定时间内仔细观察现实生活中的情况，了解人们在特定背景下的行为。这种方法可以帮助设计师揭示人们实际行为的真相。观察一个人的旅程或活动，可以发现设计机会，并迅速了解特定的设计环境。一般来说，观察可以分为三种类型：自然式（隐藏的）——设计者不进行干预；受控式（开放的）——设计者设定任务并观察人们的执行情况；参与式——设计者积极参与他们所观察的活动，以获得人们第一手的想法。

2. 最适合

① 设计过程的早期阶段。
② 在设计项目的早期阶段，快速形成意见或测试对特定主题的假设。
③ 进一步了解特定的任务、活动或旅程。

3. 设计师反馈

西亚马克·萨拉里："我们使用该方法时，不要通过正式的行为或有条理的问题将采访对象变成被采访者。记住，关键的产出是捕捉自然的场景和事件……"

4. 应用案例

在"设计与阿尔茨海默病"项目中，设计师格雷戈尔·蒂姆林观察了疗养院中的居民，对阿尔茨海默病护理有了初步了解，并通过观察与跟随法对护理人员进行了研究，获得的见解被用于重新设计家庭护理产品。

在"生活和工作"项目中，扬基·李博士对皮博迪基金负责的英国"首个社会住房工作/居住开放"项目的居民们开展了观察和跟随法，以了解在同一空间中生活和工作的紧张关系。

5.10 参与式设计游戏

1. 是什么

原型套件使参与者能够通过棋盘游戏的动作表达自己的需求和偏好。每个参与式设计游戏都在游戏板上放置了设计组件（通常是按比例缩放的建筑模型或以前研究的抽象概念）。游戏可以在工作室环境中以个人或小组为单位进行，从而构建不同的场景和设计结果。

2. 最适合

① 设计过程的中后期。
② 允许用户计划自己的设计并在创意过程中分享潜在客户。

③ 用户必须完整、明确地描述其需求的情况。

3. 设计师反馈

李彦基:"……关于以人为本的时代最终将取代以市场为中心的时代……"

4. 应用案例

在"建筑业期货游戏"项目中,运用参与式设计游戏方法使社区居民能够思考社区建筑的未来。

"未来城市游戏"项目是由英国文化协会设计的为期两天的活动,帮助玩家提出改善城市生活质量的最佳想法。

5.11 角色法

1. 是什么

角色是基于真实人物的虚构角色,代表用户原型。开发这些角色是为了了解用户的生活方式、愿望和需求,他们经常作为虚构的用户出现在场景中。角色的目的是解释用户的行为模式。角色通常会有一个名字、一张照片和一些基本信息。角色对于受众来说应该是可信的,能够激发新的设计理念并帮助验证它们。

2. 最适合

① 设计过程的早期到中期。
② 使典型的客户形象栩栩如生。
③ 与不同的利益相关者证明创新的价值。
④ 当无权访问真实用户时便于测试想法。

3. 设计师反馈

西安·普拉姆贝:"人物角色是一种强大的探索和讲故事的工具。它们使你可以从另一个人的角度检查一个场景,并想象人物的感受或行为。必须根据真实的人的第一手经验及其行为模式来仔细构建角色。"

4. 应用案例

在"互联汽车:可持续的包容性出行"项目中,菲利普·科尔尼亚创建了15个角色,以探索电动汽车在城市中的作用,为展望未来汽车的一系列概念提供了丰富的灵感。

在"打开:为印度创造能源解决方案"项目中,设计师合作创建了4个通用的印度人角色——农民、农村企业家、郊区工人和贫民窟居民,并围绕电力传输产生了一系列的设计概念。

5.12 原型法

1. 是什么

原型法是指创建最终设计的实体模型以供用户评估。原型的范围从工艺材料的快速模拟到初始概念的测试，再到更接近生产的高度分析化的人工制品。原型法使抽象的想法变为现实，清晰地传达概念，并有助于降低开发后期阶段代价高昂的错误风险，从每个新的原型都可以学到有用的经验。与口头或说明性的想法描述相比，用户与原型的交互更直接、更直观。

2. 最适合

① 设计过程的中后期。
② 定义设计方向和测试概念。
③ 需要进行多次迭代并与用户进行快速评估。
④ 需要让利益相关者确定设计适合目标的项目。
⑤ 在生产过程中确定规格。

3. 设计师反馈

马修斯："一张图片胜过千言万语，一个模型胜过一千张照片。"

4. 应用案例

在"信息运动：使驾驶舱适应未来的需要"项目中，设计者使用背投屏幕技术创造了一个令人信服的未来主义全尺寸汽车驾驶舱，以测试关于更加个性化的汽车内饰的新想法。

5.13 过程分析法

1. 是什么

过程分析法通过访谈和观察的方式，按照不连续的步骤绘制出一个具体的过程。这些步骤是由一般用户和熟悉该过程的用户商定和规划的。有许多过程分析工具，其中故障模式和效果分析（FMEA）特别适合支持设计和开发。通过 FMEA，一旦流程图达成一致，设计者将召集一组用户对每个步骤进行分析和分级，这样设计者就能对流程有更深的了解。

2. 最适合

①设计过程的早期探索和关注阶段。
②确定设计可以改进过程的精确点。

3. 设计师反馈

格蕾丝·戴维:"……过程分析法使我们能够以更有条理的方式集中精力,而不是设计师通常采用的较软性的方法……"

4. 应用案例

在"重新设计回收车"项目中,设计者通过过程分析法找出医院抢救过程中的错误。

在"改进医疗错误"项目中,设计者观察医院病房的五个常见流程,对五个不同的员工和病人进行 FMEA,以改善病房流程、减少医疗错误。

5.14 伪纪录片法

1. 是什么

伪纪录片法是指以电影的形式呈现一种设计场景,具有类似纪录片的形式。未来产品或服务的真实用户可以通过脚本作为参与者参与伪纪录片的工作。这种方法使人们可以共享对想象性或推测性结果的探索。尽管事件和角色是虚构的,但该方法仍可以基于真实的用户见解进行。

2. 最适合

① 设计过程的早期阶段。
② 以引人入胜的叙述支持设计方案。
③ 使真实用户能够参与未来的成果。
④ 展示高度投机性创意的潜力。

3. 设计师反馈

彼得·博森:"……伪纪录片的形式使人们对未来的想法变得生动起来,而这些想法可能很难以其他方式来想象和理解……"

4. 应用案例

在"工作的未来"项目中,设计师阿纳布·贾恩制作了关于未来办公室工作人员的伪纪录片,在想象的区域设置了三个虚构人物。

5.15 问卷法

1. 是什么

问卷法是指可以发布或通过电子邮件发送给人们问题清单,记录他们对一系列主题或问题的回答。尽管答复率可能很低,但问卷法是一种相对快速且低成本的方法,可以吸引大量的人。此方法可以提供定性和定量的信息,这样就可以对回答进行比较。问卷应在视觉上尽可能清晰和吸引人。通常，问题有三种类型：开放式，答案可以是轶事或开放式的；结构式，需要固定答案，例如"是"或"否"；半结构式，包含开放式和结构式问题。

2. 最适合

① 设计过程的早期阶段。
② 提出初步问题，以指导和支持进一步调查。
③ 获得关于没有其他可用信息的主题的广泛概述。
④ 帮助设定早期设计方向。

3. 设计师反馈

玛丽·瓦格斯塔夫："……问卷法是收集研究资料的一个很好的来源，而其他方法可能很难获得。一般的偏好和基本事实可以在开始时就确定。"

4. 应用案例

在"安全而感性"项目中，设计者在项目开始时发放了 100 份有关老年人洗浴问题的问卷。关于个人偏好浴缸或淋浴的信息很少，因此这种方法有助于告知设计者研究方向。问卷的视觉质量确保了 70% 的回收率。

在名为"乱序"的一个有关公共厕所改造的项目中，设计者将问卷法用于调查非英语使用者使用厕所的习惯。开放式的问题给了人们更多的发言权，并确保了潜在的敏感话题的匿名性。

5.16 场景法

1. 是什么

场景法是一个探索人们如何与特定设计或使用环境互动的方法。通过激发讨论，场景法有助于发展和评估想法。这种方法使概念能够从人类和经验的角度得到检验。场景是富有想象力的，可以通过各种媒体呈现，包括文字、插图、故事板或电影，并且可以使用多个角色来描述与产品或服务的互动。从基于日常行为的现实世界的叙述到更多推测性的科幻小说，场景法都可以围绕更广泛的社会问题进行讨论。

2. 最适合

① 设计过程的中后期。
② 采用批判性和推测性设计方法挑战假设和先入之见。
③ 交流设计概念和用户问题。
④ 与用户一起测试抽象或大规模概念。

3. 设计师反馈

艾莉森·布莱克："……场景可以用文本、故事板、视频、戏剧等形式呈现。个别从业者会发现，特定的呈现技术适合他们的工作方法。除了设计团队之外，场景还可以用于在组织内部交流概念，或评估潜在用户……"

4. 应用案例

在"重新设计救护车：提高紧急移动医疗水平"项目中，设计者用情景模拟来测试救护车的概念、设备布局和存储问题，这些问题会在危及生命的紧急情况下影响护理人员的表现。

5.17 社会企业

1. 是什么

设计人员直接与当地政府或弱势社区合作，共同创造可由这些社区生产和销售的产品。这种方法通常利用当地的技术和资源，使人们能够成为设计过程的一部分，并从产出中获益。社会企业被定义为由社会或环境目的驱动的企业。

2. 最适合

社会企业模式涵盖了设计过程的所有阶段，特别适合具有当地技术和资源而没有其他形式的有偿就业机会的弱势社区。

3. 设计师反馈

保拉·迪布："……当我进入社区时，我们会一起设计、研究和生产。尊重是每一个行动的指南……"

4. 应用案例

在"设计为本地转型的工具"项目中，设计师与巴西南部的贫困农村社区合作，利用废品和颜料生产有吸引力的当地工艺品。

在"社会肥皂——巴黎郊区"项目中，设计者在居民区建立了一个小型肥皂厂，并与当地居民一起组织了肥皂制作讲习班。肥皂是用附近城市花园里的植物和草药制成的。

5.18 用户论坛

1. 是什么

用户论坛用于设计师和用户之间的交互式对话，所有参与者都在其中进行对话并表达他们的意见。这种研究方法不需要训练有素的主持人，所以可以由设计师来主导，从而扩大了传统焦点小组形式的范围。用户论坛可以用来探讨更多的开放性问题，而不仅仅关注个别问题。

2. 最适合

① 设计开发的早期阶段。
② 通过建设性和持续性的讨论来发展设计思想。
③ 为用户提供参与创意过程的空间。
④ 在整个项目过程中与一组用户进行交互工作。

3. 设计师反馈

拉玛·吉拉沃："……用户论坛提供了焦点小组无法达到的开放式质量，支持了设计探索……"

4. 应用案例

在"触觉图案的盘子"项目中，设计者召集视力障碍者和用户论坛的老年用户，评估具有不同触觉纹理的盘子原型，并促进讨论。

在"挑战研讨会"活动中，用户论坛的方法已被广泛用于包容性设计研究，使老年人和残疾人能够在创作过程中与设计师合作。

5.19 视频民族志

1. 是什么

视频民族志是指对日常发生的事件进行视频录像，以捕捉人们彼此之间以及与周围环境的互动。这种方法使设计团队能够分析任务，并通过重复查看获得更深刻的见解。

2. 最适合

① 设计过程的早期到中期。
② 在设计过程的探索阶段收集背景信息。
③ 在设计过程的开发阶段评估新原型的有效性。

3. 设计师反馈

马佳·凯克曼："……视频的真正价值在于它允许你反复观察记录，每次你都会分析和发现新的东西……"

4. 应用案例

在"在盘子上：使食品包装更易于使用"项目中，设计师使用视频民族志来追踪四个英国家庭与食品包装的互动方式。这项观察性研究的结果为包装设计师新设计工具的开发提供了依据。

在"脱毛产品"项目中，设计小组在检查如何改善女性脱毛产品时使用了视频民族志方法。小组通过视频分析了用户与打蜡产品的互动，确定关键环节的问题。

5.20　网络论坛

1. 是什么

网络论坛是专注于分享兴趣或经验的在线社区。如果有与设计师的兴趣相关的网络论坛，则可以在线发布具体问题，以供社区讨论和回复（直接发给设计师或论坛）。此外，设计师可以通过阅读现有的和已存档的帖子找到一般的见解。这种方法是一种与众多人交谈的相对快速的方式，并且对于获取特定主题的背景意见非常有用。网络论坛还可用于发布更详细的调查问卷。

2. 最适合

① 设计过程的早期阶段。
② 收集关于特定主题的个人经验。
③ 为那些没有什么正式信息或用户可能难以获得的主题创建背景意见。
④ 访问在线社区。

3. 设计师反馈

克里斯·麦金利："……获得了残障人士的进一步见解和反馈，而无须拜访他们的家……我使用网络论坛提出开放性问题并观察对话……"

4. 应用案例

在"启发：弱视人群的家庭照明"项目中，设计师克里斯·麦金利在设计初期利用了网络论坛，以便更好地了解弱视人群的日常生活。

在"替代视图：为弱视人群开发智能手机"项目中，设计者优素福·穆罕默德使用网络论坛来深入了解弱视青少年使用的软件、硬件和手机类型。

思考和练习题

了解和学习包容性方法，并基于上一个小课题展开设计方法研究，按照包容性设计流程的要求提交设计方案及设计方法应用过程报告。

第 6 章
包容性设计实践

6.1 交互界面视角下的自闭症儿童玩具设计

作品名称：《交互界面视角下自闭症儿童表情识别拼图设计》
设计者：姚婉冰、李霄玥
指导老师：季茜

自闭症（也称为孤独症）儿童被叫作星星的孩子，微弱光芒的背后隐藏着的是一个家庭在精神和经济上的双重负担，而尽早的干预和训练对自闭症儿童情况的改善是十分有效的。随着自闭症发病率的逐年上升，社会各界对自闭症儿童的学习成长和训练治疗方面的关注也越来越多。玩具在儿童的成长和生活中扮演了重要的角色，玩玩具是孩子们获取乐趣和得到训练的重要途径。但目前大部分可供自闭症儿童玩耍的玩具并没有考虑到自闭症儿童真正的需求，无法很好地让自闭症儿童在获得乐趣的同时起到康复训练的效果。

本研究在学习了自闭症和实体交互界面相关理论后，采用实地观察、问卷调研、用户访谈等方法进行了用户研究。通过对自闭症儿童进行行为观察，对儿童家长进行问卷调研以及对老师进行用户访谈等方式，我们发掘用户真实的需求并对其进行验证，并关注到了自闭症儿童的面部表情识别问题。我们创新性地在实体交互界面的视角下进行了自闭症儿童玩具的设计研究，运用实体交互视角，通过多感官的实时互动反馈来丰富儿童的情感体验，延长儿童注意力集中的时间并提升训练效果。

在理论研究和用户调研的基础上，我们完成了可交互式有声表情拼图的使用流程设计、外观设计以及交互设计，通过玩具实时的互动反馈提升孩子们的兴趣和训练效率，给自闭症儿童带来更丰富有趣的玩耍体验，增强孩子们的自信心，在玩耍的过程中达到训练孩子们表情识别能力的效果，同时也提升孩子们的认知能力，锻炼其手部的精细肌肉，并对玩具的系列周边产品进行了设计制作，形成完整的使用流程和体系。

该玩具的实物模型制作完成后，在华中科技大学校医院儿童康复中心进行了效果的观测和评估。通过实验检验，该玩具相较于传统认知类玩具，增强了趣味性和可玩性，触发了听觉感知，扩充了玩耍情境，同时对自闭症儿童提升面部表情识别能力具有一定的作用，也能为今后的自闭症儿童玩具设计提供一些思路和方法的参考。

交互界面视角下自闭症儿童表情识别拼图设计详见图 6-1 至图 6-18。

图 6-1　作品名称

图 6-2　研究背景

图 6-3　自闭症相关理论——自闭症的临床表现

2.1 自闭症相关理论
——自闭症儿童的面部表情识别特征

相对于同龄的正常儿童，自闭症儿童在某些表情识别任务方面的表现并不理想，虽然他们的面部表情认知能力会随着年纪的增加而增长，但还是发展得比较慢。

物体认知优于面孔认知
自闭症儿童对事物有浓厚的兴趣和很高的识别准确率，但是对人脸的兴趣度十分低，识别能力也不强。

以"非情感"方式识别表情
在表情与情景不相符的情况下，正常儿童在判断中会更多地使用情景线索，而自闭症儿童则更多地使用面部表情。

自闭症儿童的面部表情识别问题，使他们在与他人交流时，不能很好地理解他人的情绪与感情，也不能恰当地表达自己的情绪。因为他们无法分辨不同人之间复杂的联系，不懂得在什么情况下应该表现怎样的情感，所以他们在社交活动中会遇到一定的障碍，而这些障碍需要通过适当的干预治疗和训练来克服。

图 6-4　自闭症相关理论——自闭症儿童的面部表情识别特征

2.2 实体交互界面相关理论
——实体交互界面的概念

实体交互界面
用户通过物理实体和物理环境，与数字信息进行交流互动的界面

- 实物交互载体与内部的数据信息通过计算叠加重合
- 实物载体本身能够由用户的交互行为进行控制
- 实物载体能够对数据信息和实物载体的动态变化进行双向反映
- 实物的物理特性能够体现数据系统的关键特性

图 6-5　实体交互界面相关理论——实体交互界面的概念

2.2 实体交互界面相关理论
——实体交互界面的优势

在自闭症儿童玩具设计方面

- 鼓励互动：通过积极正面的声音反馈促进孩子们与玩具产生交流互动，提升孩子的兴趣。

- 集中儿童的注意力：因为孩子必须与实体玩具进行玩耍，实体产品使孩子们将注意力集中于一个实际的地方。

- 进行实时反馈：运用玩具的交互性，在孩子玩玩具的过程中与玩具产生实时的互动，提升孩子的参与度以及自我完成任务的能力。

在提升自闭症儿童表情识别能力方面

- 引起儿童处理表情信息的注意力：在训练中创造有趣的环境是十分重要的。随着技术的发展，单纯的静态认知类玩具已经无法满足孩子的需求。可以将玩具与电子装置相结合，此类玩具通过不同感官方面的反馈吸引儿童处理情绪信息的注意力。

- 提升他们的情绪记忆效率：交互反馈能引导孩子与玩具间多进行一些互动，丰富孩子的情感体验，提升记忆效果。

图 6-6　实体交互界面相关理论——实体交互界面的优势

3.1 目标用户

年龄：现代心理学家、脑科学家以及生物学家普遍认为，0~8岁是人类潜能开发最核心、最重要的时期，是人类智力结构及整个心理机制开始形成、建构的关键期。而自闭症儿童大多在3~5岁间表现出比较明显的自闭症临床症状，所以本次玩具设计的目标群体就设定为3~8岁的自闭症儿童。

程度：目标群体为轻中度自闭症儿童，该程度患者具有一定认知能力和实践能力，但是在表情识别和情绪表达方面还有很大提升空间。

图 6-7　目标用户确定

3.3 调研开展
——实地观察

观察地点：华中科技大学校医院儿童康复中心

- **积木游戏**
  - 形式：从房间一头拿积木运送到房间另一头并且叠高
  - 奖励：第一轮所有小朋友都有奖励；之后每轮奖励人数递减
- **袋鼠跳往返跑**
  - 形式：小朋友在脚上套上袋子从教室一端跳到另外一端
  - 奖励：同上
- **点名**
  - 形式：点到名字的小朋友要说"到"
- **简单歌舞活动**
  - 形式：①上半身进行压、推、拉、扭等动作
  　　　　②做出握紧拳头、打开拳头、拍拍手、挥挥手的动作
  　　　　③辨认自己的五官
  　　　　④大拇指手指歌

课程观察

图 6-8　实地观察

3.3 调研开展
——实地观察

观察发现

- 在调研中发现孩子们常用的玩具有拼图、积木、平衡车等，孩子们会在课程中通过训练提升认知能力、游戏能力、情绪表达以及社交能力，在课程中老师十分注重及时的鼓励和反馈，提升与孩子们的交流频率。

问题点

- 在游戏课的过程中，老师和家长会对孩子们进行鼓励，对孩子们的进步会给予微笑和夸奖，但是孩子们对这种表情和情绪上的传递并不敏感，忽视周围其他人的表情或者是情绪。

- 遇到令人开心或悲伤的事情时，孩子们脸上的表情不会发生变化，眼神不会产生交流，而是用尖叫或肢体动作来传递自己的情绪。

图 6-9　观察发现

3.4 调研结果

用户痛点	面部表情识别困难	排斥、抵触正常学习方式	难以通过表情传达自己的情绪
基本需求	·训练表情识别的能力 ·将表情与情绪相对应	·享受玩玩具的过程 ·通过玩玩具的方式学习	·懂得不同表情的应用场景 ·与人进行正常交流，融入集体
需求满足	·通过玩具认识到不同的表情	·在玩的过程中进行交流互动，提升孩子们对玩具的兴趣	·在玩玩具的过程中潜移默化地模仿表情来表达情绪
用户偏好	颜色：蓝色	反馈：活泼的童声	形状：圆润的多边形

图 6-10　调研结果

4.1 头脑风暴

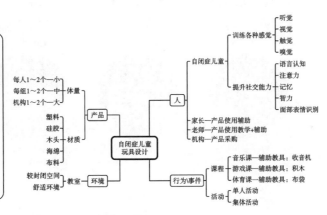

图 6-11　头脑风暴

4.2 草图设计

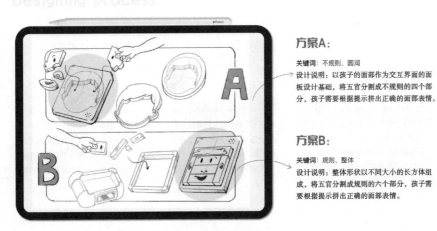

图 6-12　草图设计

4.3 草模制作

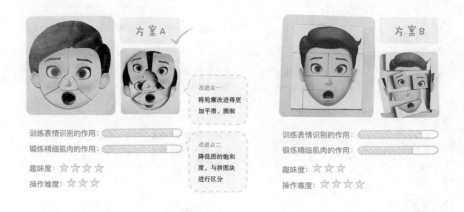

图 6-13　草模制作

4.4 方案设计
——外观设计

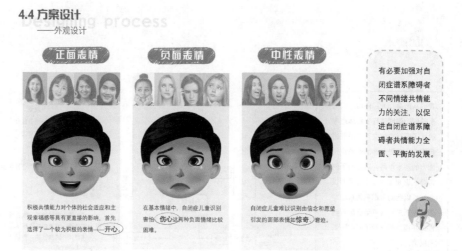

图 6-14　方案设计——外观设计

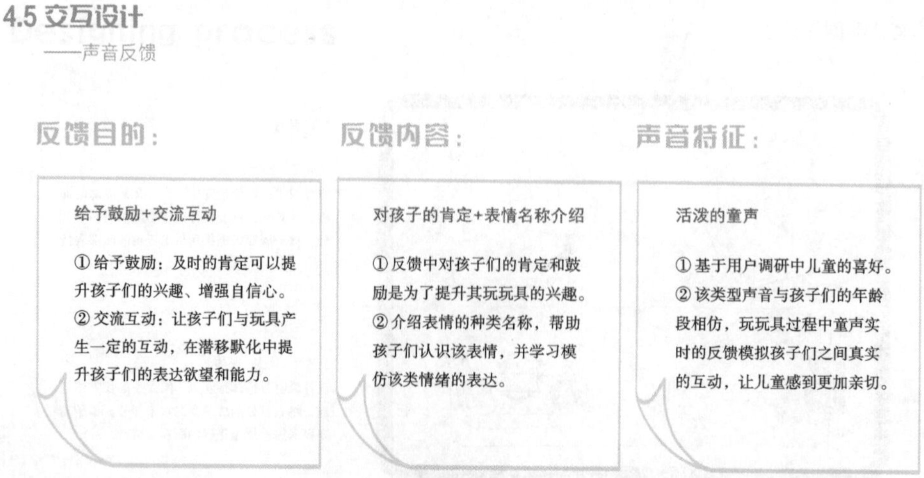

4.5 交互设计
——声音反馈

图 6-15　交互设计——声音反馈

4.5 交互设计
——功能实现

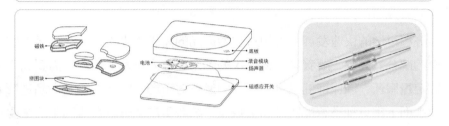

图 6-16　交互设计——功能设计

4.6 模型制作

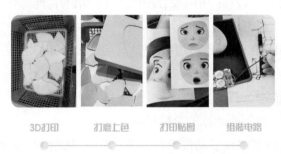

表情拼图整体采用3D打印、抛光上色、印刷贴图以及电路放置调试几个步骤制作完成，并在儿童康复中心供孩子们玩耍。

图 6-17　模型制作

5.1 实验一

1. 实验目的

本实验研究实体交互界面视角下玩具设计的玩耍效果是否优于普通认知类玩具。

2. 实验流程

选择被试对象（儿童康复中心的孩子们）→ 选择测试场地（校医院儿童康复中心）→ 分别让孩子们使用不同玩具 → 记录孩子们玩耍情况

- 玩耍时长
- 注意力情况
- 是否需要督促

3. 实验材料

图 6-18　实验之一

6.2　老人智能药箱设计

作品名称：《老人智能药箱设计》
设计者：郑家瑜、陈文慧、王红蕾、廖美丽
指导老师：季茜

随着经济和科学的快速发展，人们对智能产品的需求越来越大，医药是人们健康生活不可缺少的部分。其中，随着老龄化时代的到来，老人作为弱势群体需要利用智能药箱产品定时定量服药，以保证健康生活。我们通过对市场上的智能药箱产品进行调研与分析，总结市面上常见种类智能药箱的优缺点，结合用户调研对智能药箱的主要功能进行定位，对产品进行原理性及可行性分析，设计出一款符合老人使用方式的药箱，有利于提醒老人按时、准确用药。

用户人群：60～70岁的老人。

用户特征：自理能力尚可；对用药要求较高；可以较容易地适应药箱的智能操作系统；需要儿女和社会的关怀。

常用药：心脏病药品、其他各种保持一定周期使用的药片、温度计、简易血压仪、注射胰岛素等。

产品色彩：白色为主，给人感觉洁净、智能。

材质：温暖的白色特殊塑料质感，少用冷冰冰的金属材料。

造型风格：圆润、简约、大方，造型中突显功能性，力求用极简的造型减少用户学习使用产品的时间。

根据前期调研，对智能药箱进行功能定位。智能药箱是一款医疗移动智能终端，适合于老人日常家居使用。智能药箱能实现全天监护、远程就医、日常用药和定时提醒等功能。

全天监护：智能药箱放置于家中，子女可通过手机App终端查看老人日常起居和用药情况，并能双向语音通话，方便子女随时随地和老人沟通。

远程就医：通过智能摄像头和平板，老人可与医师进行远程问诊，医师可以根据老人情况推荐合理的用药方案，实现足不出户即可问诊就医。

日常用药：药箱可放置血压仪、听诊器、体温计等医疗器械，可及时进行身体情况的检查。同时，日常用药可存储于抽屉中，方便老人按时取用。

定时提醒：药箱的定时提醒功能能提醒老人每天按时用药，以免老人忘吃或漏吃。

智能药箱使用方便、快捷，通过前面的启动按钮，可一键启动。药箱自动打开箱盖，摄像头自动升起、旋转并自动识别、跟踪用户，医疗器械置于上层取用方便，符合人机工程学的侧边抽屉设计方便老人取药。

智能药箱采用软硬件相结合的模块化设计，达到了用户能够随时掌握用药信息并按时吃药的目的。用户通过任意一台装有上位机软件的电脑终端，均可方便地录入信息，智能药箱接收信息后会将信息显示出来方便用户查看。显示单元显示信息直观、简洁、明了,良好的用户界面方便用户随时掌握自己的用药情况,工作原理具有可行性。

老人智能药箱设计详见图 6-19 至图 6-24。

图 6-19　设计草图

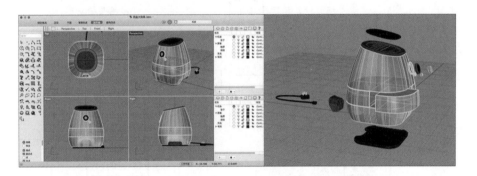

图 6-20　建模过程图

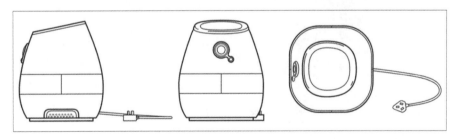

图 6-21　产品三视图

图 6-22　产品效果

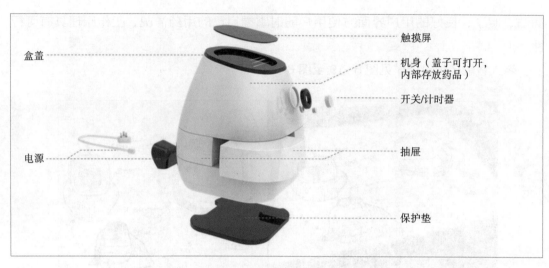

图 6-23 产品爆炸图

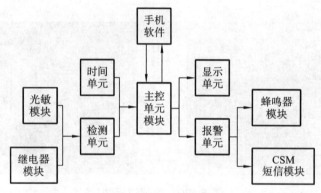

图 6-24 工作原理

参考文献
References

[1] CLARKSON P J, COLEMAN R. History of inclusive design in the UK[J]. Applied Ergonomics, 2015:235-247.

[2] Design Council. Inclusive design education resource[EB/OL].[2020-06-15]. http://www.designcouncil.info/inclusivedesignresource/.

[3] HERWIG O. Universal design:solutions for a barrier-free living[M]. London: Springer-Verlag, 2008.

[4] 吴佩平，周卿. 产品与交流·通用设计[M]. 北京：中国建筑工业出版社，2016.

[5] PREISE W, SMITH K H. Universal design handbook[M]. 2nd Edition. New York: The McGraw-Hill Companies, 2001.

[6] 黄群. 造物研究·通用设计[M]. 武汉：武汉理工大学出版社，2019.

[7] PERSSON H, ÅHMAN H, YNGLINGA, et al. Universal design, inclusive design, accessible design, design for all:different concepts—one goal? On the concept of accessibility—historical, methodological and philosophical aspects[J]. Universal Access in the Information Society, 2015, 14:505-526.

[8] 夏冰莹. 以人为本，人人受益：包容性设计实践指南——考量[N/OL]. https://zhuanlan.zhihu.com/p/129000341.

[9] What you need to know about color & accessibility. https://color.review/.

[10] 吴佩平，章俊杰. 产品设计程序与实践方法[M]. 北京：中国建筑工业出版社，2013.

[11] 王付巧执. 具有早期干预训练功能的自闭症儿童玩具设计研究[D]. 杭州：浙江大学, 2016.

[12] ZHENG Z, FU Q, ZHAO H, et al. Design of an autonomous social orienting training system (ASOTS) for young children with autism[J]. IEEE Transactions on Neural Systems and Rehabilitation Engineering, 2017, 25(6): 668-678.

[13] 柳慧萍，刘穿石. 动态材料对自闭症儿童情绪识别能力的干预研究[J]. 中国特殊教育, 2021(2):52-60.

[14] CAÑETE YAQUE R, LÓPEZ S, PERALTA-ÁLVAREZ M E. KEYme: multifunctional smart toy for children with autism spectrum disorder[J]. Sustainsbiuity, 2021, 13(7):1-29.

[15] ROBINS B, OTERO N, FERRARI E, et al. Eliciting requirements for a robotic toy

for children with autism-results from user panels[C]//RO-MAN 2007-The 16th IEEE International Symposium on Robot and Human Interactive Communication. New York: IEEE, 2007: 101-106.

[16] NONNIS A, BRYAN-KINNS N. Mazi: a tangible toy for collaborative play between children with autism[C]//Proceedings of the 18th ACM International Conference on Interaction Design and Children. New York: ACM, 2019: 672-675.

[17] KEATES S, CLARKSON P J.Countering design exclusion: an introduction to inclusive design [J]. Universal Access in the Information Society, 2003.